決死勤皇 生涯志士

三浦重周伝

山平重樹

三浦重周（平成16年、浅岡敬史撮影）

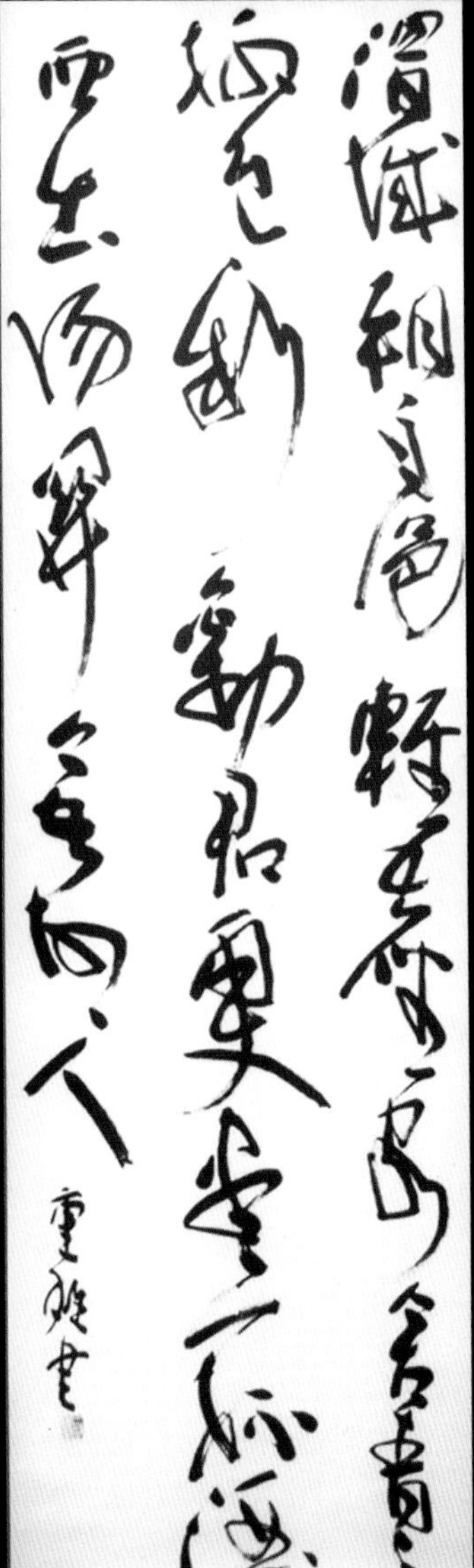

渭城朝雨浥軽塵
客舎青青柳色新
勸君更盡一杯酒
西出陽關無故人
（「送元二使安西」王維）

晩年は書を愛した三浦重周の書道展特賞作品

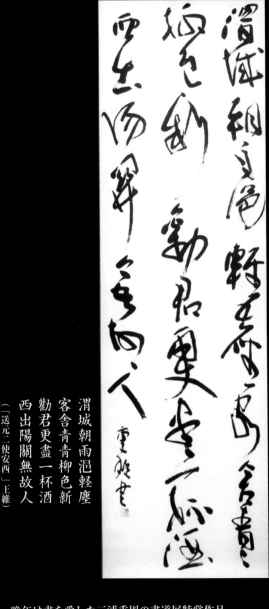

三浦重周　略年譜

昭和二十四年　九月五日、新潟県西蒲原郡巻町（現新潟市）に生まれる。本名、三浦重雄。
昭和四十三年　三月、新潟県立巻高等学校卒業。
昭和四十四年　四月、上京。新聞販売店に住み込み、予備校に通学。
昭和四十五年　三月七日、早稲田大学政治経済学部に合格。「日本学生同盟（日学同）」早稲田大学支部国防部に加盟。
昭和四十八年　四月、日学同第六代中央執行委員長に就任。
昭和四十九年　十月、同委員長退任後、政治局長に就任。
昭和五十二年　四月二十九日、「重遠社」を創建、代表に就任。
昭和五十六年　五月十三日、重遠社指導のもと「国防問題研究会」を設立。
昭和六十一年　十一月十四日、日学同結成二十周年式典で、重遠社の青年組織「新民族主義青年同盟（新青同）」結成を宣言。
平成　七　年　十一月、「三島由紀夫研究会」事務局長を兼務。以後毎年の「憂国忌」で実行委員会事務局の統括を担う。
平成十七年　十一月二十五日、追悼三十五年祭「憂国忌」を九段会館で挙行。
十二月四日、「墓前奉告祭」祭行。祭主をつとめる。
十二月八日、ひとり帰郷の途に就く。
十二月十日深更、新潟東港岸壁で自刃。享年五十六。
十二月二十二日、「三浦重周さんとお別れの夕べ」が都内で開催され、同志ら約二百人が参列。

決死勤皇　生涯志士　三浦重周伝

目次

序　新潟港北岸壁

果たして日輪は瞼の裏に赫奕《かくやく》と昇るのだろうか……。

長い間、その作家の名を冠した研究会の事務局長をつとめてきたのに、ほとんどそのひとの小説は読んだことがなかった。だが、さすがに同志たちの間でかねて評判の小説『奔馬』だけは読んでいて、有名な結びの一行も覚えていた。

その最終行がこの期に及んで、男の胸にフッと去来したのは、いままさに自分が小説の主人公と同じことを為そうとしているからであったろうか。

日本海に面した信濃川河口東側——通称北岸壁と呼ばれる埠頭は漆黒の闇に包まれていた。寒風が吹きすさび、大粒の雪さえ舞う師走初旬、夜九時過ぎの新潟東港。空は一面、厚い雲に覆われ、月さえ見えなかった。対岸の遠い彼方に瞬く市内繁華街のネオンサイン。

この北岸壁は彼にとって昔からの馴染みの場所であった。すぐ目と鼻の先に菩提寺があり、毎年盆に兄弟たちと墓参りをした後で、ひとりここへ立ち寄るのが恒例になっていたからだ。

眼前では信濃川と日本海が結ばれていたが、なぜか背後に太平洋が迫っているように見えたのは、子ども心に不思議だった。あれこそオレにとっての真珠湾であったのかもしれない、とは後年の男の回想であった。

結局、ここへ還ってきたのだ。昇る日輪も、かがやく海も、けだかい松の樹の根方も、オレには必要がなかったけれど、死ぬときはここがいい——と、いつのころからか決めていたような気がした。

海側に背を向けて正座し、東の空の彼方の皇居に遙拝したあとで、庖丁を手にしたときからいろんな思いが男の脳裏を駆け巡っていた。

なぜ死ななければならないのか。彼にすれば、そんなことはいままで何度も口にしてきたことだった。いったん維新革命という志を立てた以上、ただ一筋に志に生き、その夢をどこまでも追い求め命を懸けて闘って死んでいくのが、維新運動に携わる者の筋道であり、節義というものであろう。

「決死勤皇　生涯志士」の八文字を胸に刻んで、生涯志士であり、志士で生き、志士で死にたいと願ってきた。それこそ自分が自分であることの存在証明であったのだが、最後はやはり日本男児として古式に則った所作で思いを為しとげたかった。つねに布団の下に出刃庖丁を置いて寝たのも、その覚悟を固めるためだった。

辞世の句を作ったのも、十年以上も前のことである。

人として　大和に生まれ　男なら
究め尽さむ　皇国の道

赤々と　燃えに燃えにし　我が命
誠の道を　知るは神のみ

もはや潮どきであったのだ。研究会で最も大事な年に一度の祭祀も無事にやりとげ、墓前奉告祭も粛然と済ませた。あとは自分のけじめをつける番だった。

男は庖丁の柄を両手で逆向きに握り締めると、刃を己の腹に向けて構えた。ここへ来る前に、街の金物屋で買った小振りの庖丁であった。日本刀を入手しようという気は最初からなく、腹が切れるものなら何でもよかった。

高ぶる気持ちを鎮めようとしばらく瞑目したあとで、カッと眼を見開いた。男の胆は定まったのだ。

大きく息を吸い、また吐きだしながら丹田に力を込めて「えいっ！」という裂帛の気合い。と同時に、庖丁を思いきり左胸に突き刺した。目が眩むような衝撃に耐え、そのまま庖丁を一直線に腹まで引きおろした。

刃を引き抜くと、たちまち鮮血が溢れ出てくる。血に塗れた庖丁を手にしたまま、男はそれを再び気合いを入れて首の左側へと突き刺した。頸動脈と思しきあたりだった。

あまりの激痛に意識も朦朧とするなか、ありったけの気力を振り絞り、一気にそこを掻き切った……。

平成十七年十二月十一日の日曜日午前九時ごろ、新潟東港の埠頭を犬を連れて散歩していた近所の住民は、岸壁で正座したまま前のめりに蹲《うずくま》るような格好で倒れている男を発見した。

怖々《こわごわ》と近づいてみると、あたりには一面の血の跡があり、男は庖丁を首に突き刺したままピクリとも動かず、息絶えていた。

発見者は顔色を変え、あわてて一一〇番に通報した。

新潟東署の警察官が現場に駆けつけてきて、間もなく遺体の身元は明らかになった。鞄や手提げ袋などの男の持ち物は何ひとつなかったが、上着のポケットから、自分の身分を明かしたメモ用紙が出てきたのだ。

遺体は、民族派政治結社「重遠社《じゅうえんしゃ》」の代表で、毎年三島由紀夫の命日に憂国忌を主催することで知られる三島由紀夫研究会の事務局長をつとめる三浦重周《じゅうしゅう》（本名・重雄）、そのひとであった。

三浦は五十六年の波瀾の生涯に、自らの手で幕を下ろしたのだった。

三浦のメモにはさらに縁故者らしいある人物の氏名と連絡先が書きとめられていた。そのメモ書きに目を留めたとき、検分にあたった警察官は驚きと戸惑いに息をのんだ。実兄として新潟県警の現役の警察署長の名が記されてあったからだった。

そのとき、三浦重周の二歳上の長兄敏雄は、久しぶりの休日も所用にあて、ひとり新潟市内の自宅を出て車を運転中であった。天候も昨夜の荒天とはうってかわり、ハンドルを握りながら、年末年始を迎える管轄区域の事案にあれこれ考えをめぐらせていると、携帯電話が乾いたような音で鳴った。着信音は家族からの音色でも、所轄署からの呼び出しでもない。敏雄はいったん駐車して折り返しの連絡を入れると、果たして県警本部に勤務するかつての部下が応答した。

「署長、ミウラシゲオというひとを知っておられますか」

「もちろんだ。私の実弟だよ。重雄がどうかしたのか」

「はい、実は……」

元部下の説明を聞いても、敏雄は何のことか、すぐには理解できなかった。到底それが現実のこととは思えなかった。なんでも重雄が新潟東港の岸壁で庖丁で腹を切って自殺したと言うのだから、にわかに信じろというほうが無理だった。

〈――重雄が割腹自決？　そんなバカな話があるだろうか？　いったいなぜなんだ？　所帯を持ったばかりで、これからって矢先に……〉

敏雄にはさっぱり状況が呑み込めなかった。いや、たぶん人違いなのではないか。同姓同名の別人だろう。だが、それならなぜオレのことを知っているのだ……。

「わかった。すぐに行く」

敏雄は内心の動揺を抑えて応えた。

それは間違いなく重雄の遺体であった。ただちに新潟東警察署に駆けつけた敏雄を待っていたのは、変わり果てた弟の姿だった。

この朝に発見されるまでにだいぶ時間が経ったと見え、遺体は死後硬直がかなり進んでいて、両腕は庖丁で首を刺すために突きだしたままの形で固まっていた。デスマスクを見ても、その自決がいかに壮絶なものであったかが伝わってきた。

弟が使用した庖丁を見せてもらった敏雄は、そのあまりに小振りで切れ味の悪そうな代物に、胸を衝かれる思いがした。

〈おまえってヤツは……夕べのあんな吹雪が舞う寒風吹きすさぶなかで、こんなろくに切れもしないような庖丁を使ったのか？……死ぬならもっと楽な方法だってあるものを……なんだってそう苦しいほう苦しいほうと選ぶんだ？……〉

敏雄は弟が可哀想でならなかった。が、それにもまして、こんな平和ボケした日本でいったいどれだけの信念と覚悟があれば、これほどの死にかたができるというのか。わが弟ながら、見事な最期というしかなかった。

検視のときも敏雄は立ち会わせてもらい、馴染みの医師から説明を受けることになったのだが、彼はパックリ開いた遺体の首の傷口へ指を入れながら、

「署長、見て下さい。これが頸動脈です。これ、切れてないでしょ。静脈は切れてるけども、動脈が切れてないということは、出血してもすぐに死ぬような状態じゃありませんから、相当苦しまれたことでしょう」

と話してくれたものだから、なおさらその苦痛の大きさが忍ばれた。

胸から腹にかけて縦一文字についた傷も、さほど深くはなかったが、ためらい傷ひとつなかっ

た。よほどの覚悟がなければできることではない。

敏雄はかけがえのない弟を亡くした深い悲しみのなかで、当初から胸に湧いた「なぜなんだ？」という疑問は、なおも解けなかった。

伴侶ができたことを初めて弟から聞いたのは、去年の盆のことだった。

毎年、盆となれば、計ったように八月十三日の午後一番で新潟に帰ってくる男が、重雄であった。

去年の盆も、いつものように帰郷した弟は墓参りをして、女房や子どもたちとも楽しそうに話をしていた。そのとき、重雄の口から出たのが、彼女とはもう一緒に住んでいるという思いがけない告白だった。

「そりゃ、よかった」

と祝福し、これで重雄のヤツも彼女に手綱をとられて少しは落ち着くだろう——と、敏雄は心底ホッとしたことを覚えていた。


「毎日ハンバーグを食べさせられるから、太ってしまって……」

と重雄は、兄嫁に惚気ともとれるような話をし、初めて持ったという自分の携帯電話の番号を兄の家族たちに教えてくれるのだった。

「どうしたんだ、その携帯？」

敏雄が訊くと、

「いやー、彼女から持たされてるんだ。連絡とらないと、うるさくて……」

と答える重雄に、敏雄夫妻は笑いを堪《こら》えることができなかった。帰省した娘たちでさえ、

「叔父さんらしくない」

と言っては笑いころげ、

「叔父さん、今度一緒に連れていらっしゃい」

と生意気にも言うのに、重雄も静かに笑みを湛《たた》え、

「そうだな」

と答えていた。いま思い出しても微笑ましくいとしい光景だった。

敏雄たちと生前の重雄との最後の対面となったのも、今年の盆であった。

だが、重雄はとうとう彼女を連れてこなかった。ひとりで帰郷して墓参りを済ますと、一泊して十四日午後、東京へと帰っていったのだ。妻や子どもたちとも談笑し、いつもと何ら変わったところはなかった。

ただ、少し違ったことと言えば、重雄が帰るにあたって、敏雄がいつものように新潟駅まで車で送っていったときのことだ。駅前に到着し、車を降りて兄と別れ駅に向かう際、重雄は振り返って何度も兄に手を振った。それが珍しかったので、敏雄は帰宅してから夫人にもこのことを話した。

「いつも無愛想に背中を向けて行っちまう重雄のヤツが、なんか別れ際に何度も手を振るんだよ。雨でも降らなきゃいいがな」

と、別れ際のささいな出来事が気にかかりながらも、ジョークに紛らわせた。それとて〝変事〟を予兆させるというほどの認識はなく、すぐに忘れてしまっていたことだ。

だから突然知らされた弟の壮絶な自決の意味が、敏雄には唐突過ぎてわからなかった。なぜ死ななければならなかったのか？

もとより病気や借金を苦にしてのものでもなければ、世を儚《はかな》んだり、己の人生に絶望してという類のものでないことだけはたしかだった。そんな悲観的な、現実逃避的な厭世自殺であれば、もっと楽な死にかたがあったろう。

では何ゆえに、己にあれほど峻厳な苦痛と自己厳罰とを科して自死しなければならなかったのか。

誰かに対して、あるいは何かに対して、責任をとったというのか。誰に？　何に対して？――敏雄にはどうしても解せなかった。

〈しかも、人生も後半にさしかかって、伴侶ができて一緒に住むようになったというのに……それだって人生のひとつの希望というもんじゃないか。オレはてっきりおまえがもう右翼の道から足を洗うのかとさえ思ったよ。……それより何より、なぜ兄である自分に、何ひとつ書き遺してくれなかったんだ。たったひと言でも、兄貴、自分が死んだあとは頼むよ――くらい書いてくれりゃよかったじゃないか……〉

それは兄としての偽らざる真情であった。

第一章　西ノカタ陽關《ようかん》ヲ出ヅレバ……

宮崎正弘がその第一報を受けたのは、平成十七年十二月十一日昼前であった。

「三浦が新潟で遺体で見つかりました」

という三浦の同居女性住吉萌子からの知らせに、最初は宮崎も、

「どういうことだ⁉」

とわけがわからぬまま電話を切ったが、自死との報に、地面が揺れるような衝撃を受けた。

たしかに彼女からは二日ほど前に電話があり、

「三浦の行方が知れないんですが、心あたりありませんか」

と訊ねられていた。そのあとで、ほかの仲間からも同様の問い合わせがあったのだが、宮崎は、

「いつものように温泉にでも行ったんじゃないの」

と、さほど深刻には受けとめていなかった。三浦がぶらっと二、三日いなくなるのは若いころからよくあったことで、何ら不審なことではなかったからだ。

三浦はこの年もまた十一月二十五日の憂国忌では裏方の責任者として見事な統率力で責務を果たし、その事後処理も終え、三島由紀夫が眠る多磨霊園での墓前奉告祭も滞りなく済ませたばかりであった。一連の行事のときも自決を決意しているような気配はみじんも感じられなか

った。

いったい三浦に何が起きたのか。宮崎にとって、互いに裏方に徹して憂国忌を主催してきた長年の思想的同志であり、かけがえのない年少の友人こそ三浦重周であった。

宮崎は同日午後、日本学生同盟（日学同）OBで憂国忌実行委員をつとめる比留間誠司が運転する車で、新潟市へと急行した。

関越自動車道のトンネルを抜けると大雪に見舞われ、比留間が悪戦苦闘しながらタイヤにチェーンを巻くのに一時間も要した。猛吹雪のなか、仮通夜の行なわれている実兄の三浦敏雄宅に着いたときには、午後十時近くになっていた。

焼香を終え、遺体と対面した宮崎は、その壮絶なデスマスクに深く胸を打たれ、涙が止まらなかった。その横で唇を噛みしめる比留間の目からも涙があふれた。こぶしを膝の上で握りしめて端座したふたりの男の肩が小刻みに震え、か細く立ちのぼる線香の煙は嗚咽にかすかに揺らいだ。

実兄の敏雄が、弟はどのような死にかたをしたのか、説明してくれたのはそれからのことだった。敏雄は静かな口調で、

「実に見事な最期でした」

と言った。初めて聞く話に、宮崎は驚愕し、慟哭せずにはいられなかった。

宮崎は生前の三浦とは顔を合わせても固い話はほとんどしなかったが、それでもしばしば話題にのぼったのは、人の死についてであった。とりわけ、割腹自決した特攻隊の生みの親である大西瀧治郎《おおにしたきじろう》海軍中将や阿南惟幾《あなみこれちか》陸軍大臣のそれぞれの最期の所作がどうであったかなど、もっぱら死に際に関する話をしたことが強く印象に残っていた。

三浦の自決はまさに腹を切ったうえで誰にも介錯をさせず、命果てるまで延々と長い苛酷な苦痛を己に課して死んでいった大西、阿南両将

の最期を彷彿とさせずにはおかなかった。

宮崎にとってこれほどつらい、身に応える死もなかった。それは三島由紀夫と森田必勝が壮絶な憂国の諫死《かんし》を遂げた事件以来の衝撃であったが、ある意味で、三浦の死はそれ以上にショックの度合が大きかった。

あとで知ったことだが、三浦が自決に使った庖丁は新潟市街の金物屋で買った安物の文化庖丁であり、自決前先祖代々の墓に詣でた際に供えた花束には三百数十円というスーパーの値札が付いていて、残された所持金もいくらもなかったという。高潔に徹して清貧を最後まで貫いた三浦らしい逸話である。豪邸を構えたり、ブランド物の衣服や装飾品を身につけたいとか、名声や社会的なステータスを得るといった世俗的な欲望のかけらも持たなかった人間こそ、三浦重周という男であった。

宮崎が初めて三浦と会ったのは三十五年前、昭和四十五年春のことで、宮崎が二十三歳、三浦が二十歳のときだった。忘れもしない日学同が本部事務所を置いていた早稲田大学近くのワセダハウスというビル三階の一室での対面で、宮崎は『日本学生新聞』(日学同機関紙)編集長、日学同の門を叩いてきた三浦は二浪を経て早大政経学部に合格したばかりのバリバリの新入生だった。

このとき、三浦と応対したのはほかの日学同幹部たちで、そのうちに議論も始まったが、いかんせん宮崎には、新潟訛りの強い新入生の言葉がいまひとつ理解できなかった。ただ、その会話のなかで、この新入生が自分と同じ新聞配達仲間であることを知って親近感を抱いた。

その風采を見てもいかにも苦学生そのもので、頭髪はボサボサ、服装も着ていればいいというふうのなりふり構わぬ様子に、宮崎はつい心配になり、皆との話が終わったあとで、

「君はどこで新聞配ってるの？　で、給料はどれくらい？」

と訊いてみた。

「赤羽の読売新聞で、月給は九千円です」

「何だ、そんな安いとこ辞めてこっちへおいでよ。オレも配ってたところだからいつでも紹介してやるよ。ただし、朝日新聞だけど……」

宮崎がそれまで四年間勤めた早稲田若松町の新聞店は、朝夕二食付き、一万七千五百円という待遇で、はるかに条件がよかった（なにしろ宮崎には退職金まで出て、その金で情宣用のマイク、スピーカーまで買えるほどの大金だったという）。苦学生に否やはなかった。

「ぜひお願いします」

「この際、朝日新聞というのは関係ないな」

ふたりは笑い合い、三浦の新しい勤務先兼住み込み先が決まったのだった。

それから三十五年の歳月が流れていた。

思えばふたりの間に小難しい話は出なかったが、初対面のときと同様、会えばいつも「おい、食えてるのか」というような会話が挨拶代わりになっていたような気がする。それでも三浦はどれほどの窮状であろうとも、つねに泰然としていた。

宮崎にとって、ともに憂国忌という一大イベントを裏から支えあい、何も語らずともわかり合える心の同志が三浦であった。

三浦より四期後の日学同委員長をつとめ、重遠社幹部として三浦の側近であった後藤晋一が、「三浦死す」の一報を聞いたとき、目の前が真っ暗になるような衝撃に襲われる一方で、
〈ああ、やっぱりダメだったか……〉
と、どこかで予感と諦感めいたものがあったのもたしかだった。二日前、重遠社主幹の松田豊によって、その行方不明を知らされたときから、ある程度覚悟を決めていたからかもしれない。松田から、
「三浦さんの行き先を知らないか。昨日から連絡が取れないんだ」

と電話が入ったとき、その口ぶりから重苦しいものを感じて後藤は、

「いつもの調子じゃないですかね」

と軽口を叩くことはできなかった。

それまでも〝独身〟時代の三浦ならば、二、三日急に留守にすることがあって、たいがいは民族派仲間との研修名目の温泉旅行だったりしたのだが、そういうときにも後藤は三浦から行き先を知らされていた。だが、今回は松田の問い合わせで三浦の出奔を知った。後藤はにわかに不吉な予感に捕われ、得体の知れない不安が胸奥から湧いてくるのを感じていた。

それは十七歳のときから日学同の運動に飛び込んで三浦の教えを乞い、三十年近くその側にいて苦楽をともにしてきた者だからこそ感じる胸騒ぎであった。屈託なく笑っていたひとからいつの間にか笑みが消え、どこか沈みがちになっていたのはいつのころからであったろうか。

それなのに、三浦代表と最後に会った墓前奉告祭のときは、代表はなぜか明るかったなあ、と後藤にはそのことが妙に印象に残っていた。

松田からの電話があった日のわずか五日前の十二月四日、憂国忌から九日後に、実行委員らスタッフが内々で多磨霊園の三島由紀夫の墓に詣でて執り行なう恒例の墓前奉告祭でのことだった。後藤には、このときの三浦が最近の様子と少しばかり違うように見受けられたのだ。というより、屈託なく笑い、冗談も言う、以前の三浦がいた。

その日の朝、後藤は弟の尚二が運転するワゴン車で、高田馬場の戸塚警察署前にある本部事務所と居室を兼ねた三浦のマンションに向かった。奉告祭で用いる祭壇や三方などの祭具は三浦が保管していて、それらを荷台に積み込み、三浦と萌子のふたりも乗車した。

住吉萌子はもともと、三浦が開設した新民族主義運動のホームページを通じて三浦ファンとなった女性で、三年ほど前に山陽道の地方都市

から上京し、三島由紀夫研究会の公開講座や憂国忌などに顔を出しているうちに、三浦とわりない仲になったのだった。ふたりは入籍こそしていなかったが、二年前からそのマンションで同棲生活を始めていた。

三浦と彼女、後藤兄弟の乗った車は、予定時間よりだいぶ早く多磨霊園に着いてしまい、四人は近くのファミリーレストランで食事を摂ることにした。

三浦は終始上機嫌で、メニューを見て、

「おっ、これがいいな。オレのための御膳だな」

と言って注文したのは、〝三浦御膳〟という和食セットだった。おそらく水揚げ豊富な三浦半島の新鮮なイメージにちなんで名づけられた料理であったのだろう。

三浦は後藤兄弟に対しても、

「おまえら、好きなものたのめ。今日はオレの奢りだから」

と言うので、後藤が、

「いえいえ、私に出させてください」

と申し出ても、

「いやあ、いいんだ、いいんだ」

と頑として受けつけなかった。食事中も、

「後藤、おまえ、小説家になれよ」

などと言ってくる。

「はっ?　私がねえ……」

突拍子もない話に、後藤が思わずのけぞりそうになると、

「そうだよ。真面目な話。おまえ、小説家になったら売れるぞ」

「考えてみますが……」

三浦は重遠社を構えて以降、つねづねメンバーたちの仕事や暮らしぶりに心を砕くところがあって、安定した働き口に就かぬ後藤も三浦が心にかけてきたひとりだった。緩い会話ではあったが、三浦がそのように冗談めかしに話してくるのも随分久しくなかったような気がしたの

で、後藤はなんとなく心が和む思いがした。

墓前奉告祭は神式により日学同OBの石渡寿哉が滞りなく斎行し、三浦は祭主の役目を無事に終えた。解散後、帰路も四人は一緒で、後藤兄弟は三浦と彼女を高田馬場のマンション前まで送り、荷物をおろすと、

「じゃあ、ここで失礼します」

と三浦と別れたのだった。

そのとき助手席から見送った薄暮のなか祭具を提げた三浦の後ろ姿が、いまも後藤の網膜に鮮明に焼きついていた。

〈まさか、代表は……〉

松田からの知らせに、後藤は自宅での仕事も手につかなくなり、夕方になると高田馬場へ出向いて、三浦とよく行った駅前の喫茶店や食堂、居酒屋を覗いたり、早稲田通りをあてどなく歩いてみた。気休めでしかないとわかっていても、そうせずにはいられない心境であった。

案の定、どこを探してみても三浦の影も形も見当たらなかった。

重苦しい気持ちのままに二日間が過ぎて、届いた知らせが訃報であったのだ。

すぐに弟の尚二に電話し、そのことを告げると、尚二は「えっ⁉」と発したきり絶句し、やがて受話器からは嗚咽が漏れてきた。

後藤より十一歳下の尚二は、三浦の最後の弟子ともいうべき存在で、師の三浦に心服しきっていた。

「……兄貴、信じろと言われても……」

「オレも信じられん。ともかく新潟へ行こう」

後藤兄弟は居ても立ってもいられず、その日の夕方、尚二の運転するワゴン車で、ふたりが住む埼玉県から急遽新潟へと向かった。

車を駆って一路関越道を走っていると、カーラジオから「シベリアのマイナス四十度の寒気団が日本海側へ押し寄せ、新潟は吹雪」と気象情報が流れてきた。さらに進むと、群馬・沼田にさしかかるあたりで、チェーン規制を示す道

路情報のランプに遭遇し、タイヤチェーンを求めて車は沼田のインターから市街地に降りる破目になった。

しかし、タイヤに適合した規格品を扱う店がなかなか見つからず、どうにか探し求めたときには時間もだいぶ経過していた。

ふたりがようようの態で新潟の三浦敏雄宅へ着いたときには夜十一時をまわっており、宮崎と比留間は翌日の通夜に備えて、近くのホテルへ引きあげたあとだった。

座敷に置かれた柩に仰臥するのは、紛うかたなき師の三浦重周そのひとであった。

師の遺体と確認した後藤は、その前でただただ声をあげて泣くしかなかった。師を喪った深い哀しみと途方もない喪失感、

〈オレたちはご恩に報いることもできず、これからどうしたらいいんですか!?……〉

という血を吐くような心の叫びが、その慟哭となったのだった。


弟の尚二も、師の遺体と対面して、哀しみとも口惜しさともつかぬ混乱した感情のままに、ただ涙だけが滂沱《ぼうだ》と溢れてきた。そんな状況下でも、薄く開いた三浦の口から覗く強く噛みしめられた歯列を見て、

〈先生はこんな歯並びだったかな?〉

と、三浦の生前の整った歯並びを思い浮かべ、悲しみとは不釣り合いな感覚が浮かんでくるのが、尚二には不思議なことだった。

三浦の遺体の前で泣き崩れる後藤兄弟に対して、実兄の敏雄が、宮崎と比留間に説明したのと同様、弟がどのようにして自死したのかを静かに話し始めた。

もとより後藤たちは、三浦の死に関しては、新潟港の岸壁で遺体で見つかったということだけで、詳細はまだ何もわかっていなかった。死という厳とした事実に動顛したままで、あとのことはすっぽり頭から抜け落ちていた。

語り始めた敏雄から「切腹」という言葉を耳

にしたとき、後藤は、

〈えっ!?〉

と驚きのあまり顔をあげ、息を呑んだ。初めて三浦の自死の内容を知った瞬間だった。頭をガーンと殴られたような衝撃で、号泣していたのが嘘のようにピタッとやんだ。粛然と居住まいを正さずにはいられなかった。

三浦の遺体は、両の拳が固く握られたまま喉元近くで硬直した状態であったのも、その切腹の作法によるものだった。

〈そうだったのか〉

後藤はすべて腑に落ちる思いがした。

生前、一緒に酒を酌み交わしながら、三浦が阿南惟幾陸相や大西瀧治郎海軍中将の自決のことを話してくれたことがある。後藤に対して自らポーズまでつけて、

「こうやって腹を切って、首を掻き切って、一晩中苦しんで死んでいったんだ。やはりオレも自裁となれば、おまえに介錯を頼むわけにはいかないし、このやりかたしかないだろうな」

と、古式に則った割腹の作法を見せてくれたものだ。

まさに今回、三浦がやったことは、その実践ではなかったのか。三浦の門人を自認しながら、いまのいままでそのことに思いが至らず、師の死を前に、ただうろたえ号泣し、涙に浸っていただけの自分が腹立たしく、後藤は恥じ入りたくなった。

後藤兄弟はその夜はいったん帰宅し、身なりを改めて次の日の通夜に参列することにした。

翌日、兄弟は別々に上越新幹線に乗り、新潟へ向かった。弟の尚二がその車中、バッタリ出会ったのが、同じ目的で乗り合わせた民族革新会議（民革）議長の山口申と八千矛社代表の犬塚博英であった。

山口申が後藤尚二から、三浦の訃報を聞いたのは前日のことであったが、それは青天の霹靂というよりなかった。

この六年間、自分の主宰する憂国青年同盟（憂青同）の勉強会の講師をつとめてくれていたのが三浦であった。つい半月ほど前の勉強会でも、三浦はいつものように山口の若い門人たちに難しい話を懇切丁寧にわかりやすく熱を込めて講義してくれたものだった。

三浦の講師は、その人間性と「大日本主義」という三浦理論に心服した山口の招きに応じて実現したもので、三浦は大川周明の『日本二千六百年史』や文部省教学局の『國體の本義』をテキストにして講義を行なっていた。毎月一回、第四土曜日に東京・木場の区民会館で開講され、終了後、その近くの憂青同事務所で行なわれる直会と称する飲み会とともども山口と一門にとってとても意義深く、三浦にしても楽しみにしている勉強会であった。

三浦のもとで修行中だった後藤尚二も、三浦に誘われ、この勉強会に参加するようになっていた。

最後の勉強会でも、自死を予感させるような言動は何もなく、みんなで車座になって酒を飲む直会においても、三浦は山口のとなりに着座してそんな素振りさえなかった。

もともと三浦は静かな酒で、談論風発、放歌高吟というタイプではなかった。その日も淡々とした様子で酒を飲み、ひとの冗談にも笑って応じるいつもと変わらぬ姿があった。

まさかそれが三浦との最後の夜になるとは、山口ならずとも一座の誰もが夢にも思わなかったろう。

三浦はとりたてて悄然とした様子や何か思いつめているといったふうもなく、いや、むしろ意気軒高でさえあった。

それを奇しくも目の当たりにすることになったのは、この日の憂青同の勉強会に出席した一水会代表の木村三浩であった。

木村は直会にも参加し、三浦ともどもほどよいところで切りあげ、たまたま帰りも一緒になったのだ。帰り道もまったく同じで、地下鉄東西線の木場駅で乗って、降車駅の高田馬場駅まで同道することになった。

その地下鉄のおよそ三十分の車中で、ふたりは世間話からはじまって、女性・女系天皇問題――女性が天皇になることや母方だけに天皇の血筋を引く女系天皇を容認するとの方針のことなど、民族派にとって最も重大と思える問題を含め、様々なことを話し合った。

女性・女系天皇問題に関して、三浦は、

「象徴天皇をそっくり継承する自民党新憲法案はもとより、象徴天皇のさらなる無化を企む女性・女系天皇は断じて認められない」

との持論を述べた。

やがて三浦は、

「それにしても、あんたはよくやってるねえ」

と言うので、木村も、

「何のことですか」

と聞き返した。

「いや、この御時世、『レコンキスタ』（一水会の機関紙）を毎月継続して出して、組織を維持して、大変だろ?」

「ええ、まあ、大変ですね」

「よくやるよ。たいしたもんだ」

三浦に褒められたことなどあまりなかったので、木村も悪い気はしなかった。

すると、三浦はそのあとで、眦《まなじり》を決するように、

「でもな、オレたちは展望を出さなきゃダメなんだ。日本の状況を変えるくらいのインパクトのある展望が必要なんだ」

と言いきった。そのうえで、

「展望だよ、展望」

と繰り返した。

その決然とした言いかたが三浦にすれば珍しく、木村は別れてからも強く印象に残った。

それだけにそれからほとんど日をおかずして、三浦の自裁を知らされたときには、木村は

仰天し、しばらくはこの現実を呑み込めないでいた。

三浦は遺書めいたものを何も残さなかったが、唯一、重遠社主幹の松田豊には、

《長い間大変お世話になりました。最後の後始末をお願い致します。三浦重周》

とだけ記した書き置きを残し、三島由紀夫研究会名義の預金通帳・印鑑とともに松田のもとに郵送している。

が、それとて三浦が事務局長として事務引き継ぎを託しただけのことで、そのほかのことは何も書かれていなかった。

封筒の消印は十二月八日となっていて、ちょうど三浦が失踪した日である。

その日、松田の携帯に三浦からの電話が二回入っていたが、松田はそれを取ることができず、不在着信になっていた。

松田が折り返し三浦の携帯に電話を入れたが、つながらなかった。三浦は自宅を出るとき、携帯電話を枕の上に置いたままにして携行しなかったのだ。

三浦からの最後の電話に出られなかったことが、松田には後々まで悔やまれてならなかった。

その日、三浦から酒二升が届いたとき、社団法人「東亜聯盟」代表の中川昇は、

〈何だろう？　三浦先輩がオレに？……珍しいな。お歳暮のつもりか……〉

と首を傾げた。熨斗紙も貼ってあり、たしかに三浦からの贈物であったが、いままでそんなことはなかっただけに、中川は少し奇異な感じがした。

それでも、三浦の思わぬ心遣いに、つい笑みが浮かんできて、

「三浦先輩、競艇にでも勝ったのかな……」

と、中川は、冷やかし気味にジョークをひとりごちた。

三浦が贈ってくれた新潟の地酒「景虎」二升。それがまさか自決の決行を目前にして、長い間支援し続けてくれたことに対する中川への三浦なりの最後の精一杯の感謝の印であるとは、中川には想像さえできなかった。

別に近ごろ無沙汰しているわけでもなく、日常的に会っている仲だけに、なおさら中川は、三浦からの進物を、

〈三浦先輩、いまさら何を改まって……？〉

という感がしたのだった。が、さりとて、それほど気にも留めることもなかった。

三浦より五歳年少の中川が、三浦と交流を持つようになったのは、昭和五十四年、二十五歳のころからであった。この年、東京・茅場町の「やまと新聞」につとめることになり、そこで同紙の校正の仕事をしていた三浦と出会ったのである。やはり学生時代から民族派運動に取り組んできた中川は、すぐに三浦と意気投合し、長い付き合いが始まったのだった。

その後、ふたりとも同社を辞め、中川は事業で成功したこともあって、三浦の最も心強い支援者となった。それは誰にも真似できるような支援の仕方ではなかった。

維新運動を続けていくうえで、経済的基盤が甚だ脆弱であった三浦にすれば、それがどれだけありがたかったことか。つねづね門下生たちにも、

「中川にはほんと頭が下がるよ。彼にしたって、事業がずっと順風満帆で来ているわけもなく、苦しいときだってあったはずなんだ。それなのに、毎月変わらぬ支援を続けてくれるのだからな」

と述懐したものだ。何の見返りも求めない経済的支援なのだから、三浦が心から感謝の気持ちを抱くのも当然であった。

中川にすれば、それは三浦の思想や運動への傾倒とか共鳴という以上に、三浦という人間に惚れ込んでしまったがゆえのことで、ついそう

いう形で応援したくなったのだ。三浦と一緒に酒を飲んだり、定期的に旅行したりするのが、中川には何より楽しかった。

そんな男同士の付き合いがおよそ二十五年——四半世紀にもなろうとしていた。

その三浦の自決の一報を、中川が聞くことになったのは、三浦から酒の贈物が届いた翌日のことだった。

中川は驚き、衝撃を受け、かつ愕然とするなか、前日の進物の意味をようやく理解するに至った。

〈——三浦先輩、そういうことだったのか……だけど、何で?……〉

三浦重周の二歳下の実弟である芳男にとっても、兄の自死はあまりに唐突であり、長兄の敏雄から知らされても何ら思いあたることがなく、にわかには信じられなかった。

知らせを受けすぐさま横浜の自宅から家族とともに駆けつけ、長兄宅で初めて遺体と対面したとき、否応なくその事実を突きつけられることになった。胸奥から悲しみが溢れてきた。

兄の遺体はまだ硬直が残っており、腕は庖丁を自分の喉に突きつけた格好のままで、顔も歯を食いしばった苦悶の形相になっていた。嫌でもその壮絶な割腹自決の様が偲ばれた。

そんな激烈な自死を遂げながら、兄が何ら政治的な遺書を残さなかったことを知ったとき、芳男は、

〈兄貴、最後の最後まで意地を貫いて、見栄を張り通して運動をやってきて、まあ、このへんが潮どきと見たんだろう?……ここいらで静かに退場しようか、と……そういうことだったんだな……〉

と思わざるを得なかった。

内なる強烈な自意識を秘匿するように、外向けには飄々と映るように振る舞い、関係方面への義理立てを徹底した兄。固有の強烈な自意識

を生き、それを貫き、そして死んでいった兄……。

〈兄はその思想に殉じたのではない、その個性に殉じたのだ〉

と芳男は思い、ただ涙するしかなかった。


昭和四十三年末から四十五年十月まで日学同の二代目委員長をつとめ、楯の会一期生でもある山本之聞《しもん》が、早大国防部の後輩にあたる三浦重周の訃報を聞いたのは、入院中の母を見舞って病院にいるときだった。

母の病状はかなり悪く、すでに医師から、

「もう年内は持ちません」

と告げられており、山本は連日病院に詰めていた。

元日学同の後輩から三浦の自死を知らされたのは、そんな最中、母の死を間近にしていろいろ考えていたときであったから、

〈あいつ、まだ若いのに、何で死にやがったんだ!?……〉

と、まず、怒りの感情が湧いてきた。

八十八歳という高齢でありながら、なお生きようとして病床で必死に闘っている母の姿を目の当たりにし、なおかつ三浦の自死の状況が何もわからなかったこともあって、

〈何で若いのに自殺なんか……〉

と、山本は三浦に対して腹立たしく思えたのだ。

ところが、翌日、三浦の自死が新潟港岸壁での壮絶な割腹自決と知ったとき、山本は衝撃を受け、考えが一変する。

〈そこまで覚悟を決めて死んだのか!〉

激しく胸を打たれずにはいられなかった。

山本が三浦と最後に会ったのは、半月前の憂国忌のときだったが、会場の受付近くで目礼を交わした程度で、ほとんど話もできなかった。それより二カ月ほど前、東京・赤坂の街を歩いていて、偶然三浦と出くわしたことがあった。

テレビ局につとめ、報道部政治担当が長かった山本は、そのとき赤坂に事務所を置く政治家——落選中だが運輸大臣までつとめた経験のある元代議士を訪ねた帰りであった。街なかでバッタリ顔を合わせたふたりは、喫茶店に入り、久しぶりに話をした。

「代議士というのは落選するとみじめなもんで、いま会ってきた先生も、かつては運輸大臣までやって権力の頂点近くにいた分、よけい寂しそうだったな……」

と山本が切りだしたのは、その元代議士のことを枕にして、三浦と政治向きの話をしようと思ったからだった。山本は、

「おまえは天下の素浪人だけども、代議士が素浪人になったときは権力の味を知ってるだけになおさらみじめだぞ。上昇志向一点張りでやってるヤツのほうが、谷底に落ちたときの衝撃は大きいということなんだな。その点、おまえなんか、そういうものとは無縁で、浪人としての日常性がずっと変わらずあるわけだから、それでいいんじゃないの」

と続けたが、三浦は乗ってこなかった。代わって三浦は、

「自分は年金の保険料も掛けてなきゃ、健康保険料も払ってないので、病気にもなれませんよ。山本先輩のようなサラリーマンと違って、自分らは大変なんですよ」

と、自分の身の境遇の切なさのようなことを口にするだけだった。

これには山本も拍子抜けしたが、考えてみたら、三浦とはいつだって政治的な会話を交わした記憶がなかった。それまでも高田馬場近辺へ行く機会があったときには、よく三浦を呼びだし一緒に酒を飲んだものだが、やはり政治の話をしたためしがなかった。

三浦はそういう話を故意に避けたのか、それとも先輩に対する遠慮があったのか、山本には知るよしもなかったが、少々寂しい思いをした

のもたしかだった。

ともあれ、山本にとって、その赤坂でバッタリ会い、喫茶店で話をしたのが、三浦と言葉を交わした最後となった。

三浦の自死の詳細を知ったとき、山本は改めて涙せずにはいられなかった。

政治的な遺書を何ひとつ残さず、ひとり故郷の港の岸壁で腹を切り自ら首を掻き切って介錯まで果たして自決した男。溢れるほどの思いや主張をすべて胸に封じ込め、自分の死を何ら飾ろうとも美化しようともせず、誰にも知られぬところでひっそりとかつ凄絶な自死を遂げた男。

それはいかにも不器用な三浦らしい死にかたであり、同時に何も遺さないというところに、ほかの誰でもない三浦の凄みが感じられた。

〈三浦は何万語を費すよりもっと重い何かを残したのだ……〉

山本にとって、三浦の死は紛れもなく三十五年前の三島由紀夫と森田必勝の自決につながるものであった。

三浦の死から十二日後の十二月二十二日、東京・市ヶ谷のホテル「グランドヒル市ヶ谷」において、「三浦重周さんとお別れの夕べ」が開催され、参列者は二百人を超えた。

三浦の壮絶な自裁に皆が皆、

「あの物静かな人が……」

と一様に驚愕し、胸打たれる思いで、遺影に菊の花を捧げて哀悼の意を表したのだった。

一水会顧問の鈴木邦男も、同じ思いでその集いに駆けつけたひとりだったが、三浦の死後間もなくして、たまたま知人の武道家で、武士道にも精通している「骨法道場」の堀辺正史と話をする機会があった。堀辺は鈴木から三浦の自決の作法を聞くや、

「それは凄い精神力ですね。普通なら心臓を突いた段階で絶命しますよ。それなのに刃を腹ま

で引きおろし、いったん抜いて頸動脈を切ったんでしょう。昔のサムライでもなかなかできないことですよ」

と唸ったものだ。割腹というのは介錯してくれる人がいてはじめて首尾のつくもので、むしろ介錯が主で、刃を腹に突き刺すのは形式なのだという。昔の武士であっても、刀が腹に触った瞬間に介錯し、首を落とすケースが多かったというのだ。

〈それを介錯もなしに、すべてひとりでやり遂げたのだから、三浦氏はまさに現代のサムライだ。あの万事控えめで謙虚な男のいったいどこに、あれほどの覚悟が秘められていたんだろう⁉〉

鈴木もまた胸の内で感嘆の声をあげずにはいられなかった。

会場の中央には三浦の遺影が飾られ、三島由紀夫の書になる「憂国」という文字を背景にした三浦は、慈顔とも呼べる表情を浮かべていた。

三年前、自ら遺影用として、元日学同同志で親友のカメラマン・浅岡敬史に撮ってもらったというそのポートレートは、見事な出来映えで、三浦は実にいい表情をしていた。つねに物静かなたたずまいで屹立していた三浦の人間性・生きかたまでもが映しだされているようであった。

その優しげでかつ決然とした眼は、まさに「……澄んだ瞳で、すぐ目近の死を透かし見ているように思われるのであった」という三島の小説『憂国』の主人公そのもののように感じられるのだった。

「お別れの夕べ」の会場には、夥しい供花が並び、三浦が残した書も掛け軸に表装され飾られた。

「渭城朝雨浥軽塵　客舎青青柳色新　勸君更盡一杯酒　西出陽關無故人」という唐の時代に詩仏と称された王維の詠った七言絶句で、この詩を書いた三浦の書は、三年前の平成十四年、毎日書道展で特選を受賞していた。

この三浦の書と王維の漢詩については、式の開始後、元日学同メンバーの比留間誠司によって解説がなされるのだが、それによれば、「送元二使安西」（元二ノ安西ニ使ヒスルヲ送ル）と題するこの漢詩は、

「渭城《いじょう》ノ朝雨《ちょうう》軽塵ヲ浥《うるお》シ　客舎青青柳色新タナリ――渭城の早朝の雨がちょうどよく、軽く舞いあがる埃を沈め、また、旅館の前の柳が色良く洗われて今朝はとりわけ新鮮に見える。

君《きみ》ニ勧《すす》ム更《さら》ニ尽《つ》クセ一杯ノ酒――渭城まで送ってきたが、いよいよここで君とお別れだな。酒はもう充分かもしれないけれど、もう一杯だけ飲みたまえ。

西ノカタ陽關《ようかん》ヲ出ヅレバ故人《こじん》無カラン――これから西に旅して陽關を出たならば、ともに杯を交わす日もないのだから」

という意の有名な友との別れの詩で、いかにもこの日の三浦の「お別れの夕べ」に相応しかった。

いや、それより何より、会場に駆けつけた多くの人を仰天させたのは、三浦が書を物し、これほどまでに卓越した書を残していたばかりか、書道展でもたびたび入賞するほどの実績があったという事実だった。三浦が書道に親しんでいたことを知る者は少なく、一様に、

「あの悪筆の男が……」

と驚いたのだ。それほど三浦の悪筆は仲間内で知れわたっていた。日学同ＯＢで全日本学生国防会議の四代目議長をつとめた松島一夫も、その書に度肝を抜かれたひとりだった。

とりわけ松島の場合、幼少のころから書を習い、その道に親しんで長い間研鑽を積んできた男だけに、なおさら驚きは大きかった。

〈なんとまあ、美しい書であることか！　これはオレには書けない。三浦さんとは、こういうひとだったのか！〉

と、感嘆せずにはいられなかった。

書というのは、紛れもなくそのひとの内面が出るものだった。そこには、松島の知る、論理的にどんどん突きつめていくという学生時代の三浦のイメージとはまるで違う別の人間がいた。それはどんなに練習しても書ける性格の書ではなかった。

自分では書けないとわかっていても、極めて松島好みの書でもあった。

〈この書は、よほどのロマンチストでなければ書けない。ガチガチの論理の人――とばかり思っていたあの三浦さんが……〉

松島は改めて、浪曼者としての三浦を見直す思いがしたものだった。

三浦が自分と同様に、この王維の詩をこよなく愛したというのも、初めて知る事実であった。

古来「陽關三畳」と言って、この詩を吟ずるときには、結句を三度繰り返す慣らわしがあった。

西ノカタ　陽關ヲ出ヅレバ　故人　無カラン
無カラン
無カラン
故人　無カラン
西ノカタ　陽關ヲ出ヅレバ　故人　無カラン

この日松島が献じた王維「送元二使安西」は、実に哀切極まる吟詠だった。

「陽關」とは長安の都の西の果ての関所で、ここから西は西域ということになり、まさに塞外《さいがい》の地であった。

「故人」とは古くからの友のことで、「西ノカタ」に西方浄土を連想するのは、日本的感覚からすれば自然の理《ことわり》であったろうか。

〈三浦さんは別離の杯を交わすこともなく、ただひとり、決然と「陽關」を出ていったのだ。しかも、「故人　無カラン」どころか帰路のない旅路を……〉

松島はしばし、「陽關」を去りゆく三浦の孤影に思いを馳せた。

このとき以来、松島の心のなかの三浦は、この詩とともに存在するようになったのだった。

三浦の書に深く感じいったのは、元日本学生会議議長で『月刊日本』論説委員の山浦嘉久とて、同様であった。

山浦は三浦と同じ元早大生で四年先輩、学生時代こそ交流はなかったが、三浦の晩年、「維新公論会議」などを通して親交を結んだひとりだった。

その書を見たとき、山浦はある種の戦慄が走り、つくづく得心できることがあった。

〈これだったんだな。これこそ究極の美学じゃないか。三浦はこの領域——極みまで行ってしまったんだな。美の極限というか、もっと言えば、霊的なレベルの何かに到達してしまったんだ。だからこそ、あの自決もあったんだろう……〉

三浦の自決を聞いたとき、三浦をよく知るほかの者と同様に、山浦の驚きも並大抵のものではなかった。あまりに唐突であったし、死の少し前に会って話したときも、三島由紀夫や野村秋介のときに感じたような予感や兆候も、三浦からは何ら感じられなかったからだ。

山浦が学生時代、『論争ジャーナル』関係者から紹介されて三島由紀夫と個人的に会ったのは、楯の会結成後のことで、三島が通う後楽園のジム近くの喫茶店であった。

そのとき、三島の話を一時間半ほど聴いて、山浦が直感したのは、

〈ああ、もうこの人は完全に向うの世界と紙一重のところにいるなあ〉

ということだった。

親交のあった野村秋介にしても、山浦に対して晩年よく、

「オレは仏教でいうと、悟りの境地に達しているんだ。だから、肉体的生命というものに対する執着がないんだよ」

と言い、その自決もある程度予感できたものだ。

三浦からはまるでそんな兆候は感じられなかったが、おそらく三浦もまた、先人の言う、

「ある種の人たちは、ある一定の領域を超えると、美的世界が見えるんだ。それを一度見てしまうと、ああいう形——自殺でしか全うできなくなってしまうんだ。その美の世界というのは、本当に凄まじいものなんだ」

といったような何かを見てしまったのだろう、と山浦には思えてならなかった。

それでなくても、生前の三浦に山浦が見ていたのは、政治的というより求道者としての姿であった。

〈その求道者として行き着いた果てに、あの自決があったのではないか〉

と、山浦は「お別れの夕べ」の会場に飾られた三浦の書を見て、なおさらそう感ぜずにはいられなかった。

「三浦重周さんとお別れの夕べ」は同日午後六時、『月刊日本』主幹の南丘喜八郎の司会で開会が宣せられると、まず参加者全員による黙祷と国歌斉唱が行なわれ、最初に宮崎正弘から、

「われわれの思想的同志、かけがえのない友人だった三浦重周さんは、去る十二月十日、故郷新潟の岸壁において、皇居遙拝を済ませ、正座を崩さずに古式に則り切腹、五十六歳の生涯を自ら閉じられました。当日は凜冽な寒風が波止場に吹きつけており、吹雪でした……」

と始まる、三浦の自裁に至るまでの経過説明がなされた。

このとき、宮崎を知るかつての日学同仲間が

一様に驚いたのは、説明の最中、時折宮崎が耐えきれずに歔欷《きょき》することだった。

どんなときでも冷静沈着、感情をあらわにすることのない宮崎の涙など、誰の目にもついぞ初めてのことであったろう。あの三十五年前の三島由紀夫・森田必勝事件のときでさえ、日学同のメンバーがいずれもショックのあまり呆然自失、号泣している者さえいるなかで、冷静さを失わなかった男が宮崎だった。

宮崎の報告が終わると、続いて三浦門下の後藤晋一が、「三浦重周氏の思想、その人となり」について、声を詰まらせながら縷々述べた。

「……三十年近く前、三浦先生から一冊の図書を戴きました。戦後間もなく刊行された先進的歴史主義に立つドーソンの『宗教と近代国家』という小冊ですが、その書の扉対向の見返しには、先生の癖のある筆跡で、次の言葉が赤鉛筆で書きこまれております。そのページに曰く、《近代の神々に死を宣告し、我等が神々の歴史的復権を》、その下には昭和四十九年十一月九日とありますので、二十五歳の三浦青年が発した激烈ですが若々しい気負いを伝え、その後、終生一貫した強靭な思想性を強調しております。

ある大思想家の言葉に、〈偉大なことは方向を与えることだ〉というものがあります。三浦先生は維新革命の綱領問題に取り組み、方向を指し示すことに全精力、全生活を傾けてこられたかたであります。

……三浦先生は後期昭和維新派としての強い自覚と責任のもと、大日本主義を掲げ、機関紙・誌の『新民族主義』『新秩序』に論陣を張り、多くの同志を糾合しました。思想の価値は感化力である――の言葉通り、先生の諸理論は人々を引きつけましたが、感化力の最大のものはそのお人柄にありました。愛国の初発の志を純粋に保ち続けること、自覚と信念、生涯を通して運動を続けることの大切さを教えてくださいました。

……先生は日本民族の特徴を、『自然崇拝』『現世的』『国家的』と三つ挙げています。今日の日本は、内に外に反日・反国体勢力が蠢き、倫理・道徳は地を払い、心胆寒からしめるものがあります。しかし、先生は、日本の将来を悲観することはありませんでした。歴史に精通された慧眼をもって、日本民族には外圧が来るまで何も起こらないというお考えでした。しかしそれはひたすら待機することではありません。先覚的愛国者がたゆまず立ちあがり、運動を継続し、先人の精神を継承していくことを、今日このときにおける闘いの重要性を、御自身の実践的生活のなかに示されていたのでありました……」

追悼会には、井尻千男（拓殖大学教授）、小田村四郎（元拓殖大学総長）、山口申、松本徹（三島由紀夫文学館館長）、野間健（『月刊日本』）が立ち、故人を偲んだ。

献杯の音頭を指名された女優の村松英子は、

「……三浦様とは憂国忌のたびに御挨拶させていただき、とても優しい目をしていらして、同時に何か物問いたげな眼をしていらっしゃるかただなというのが、ずっとの印象でございます。

……今回、日本の本当の男をまたひとり、あの世へ送ったことになりますね」

としんみり語った。

また、追悼挨拶に立った日学同OBは、古賀俊昭、玉川博己、高柳光明、片瀬裕、中西哲、松島一夫、比留間誠司、馬場日出雄で、それぞれが後輩、あるいは同期、先輩である同志・三浦の思い出を述べ、その死を悼んだ。

三浦の三年先輩で日学同関西総支部長をつとめた古賀俊昭は、

「……人は必ず死ぬわけでありますので、どういった最期が最もふさわしいかということは、それぞれ考えることはあるというふうに思います。

今年は日露戦争百年という年でありますけども、あの当時には立派な見事な日本人がたくさんいたわけです。その数年前に新渡戸稲造氏は英文で『武士道』を書きました。私はそれを読むときにいつも感銘を受けるのは、わずか八歳、そして十七歳、二十四歳の若者が、徳川家康の命を狙ったということで切腹を命じられる。日本にはわずか八歳で見事に腹を切って自決をした、そういう日本人がいた、と。私は英文『武士道』のその箇所を読むと、もうグッとくるものがあります。

おそらく三浦さんもそういう日本精神の継承者のひとりであるというふうに思うわけです。三浦さんのそういう最後の行為を見ますと、言葉は大変虚しくなるわけでありますけれども、もう一度われわれの運動の原点というものを教えてくれた三浦さんに心から感謝を示したいと思います」

と語った。

三浦の三期前に日学同委員長（昭和四十五年十月〜四十六年十月）をつとめた玉川博己は、

「……彼の死を聞いて、私が最初に思ったのは、三島先生、森田必勝さん、それから大東塾の影山正治先生の自決、あるいは作家の村上一郎さん等々、思い起こしましたけれども、さらに遡って江戸時代、勤王の志士で、〈朽ち果てて　身は土となり　墓なくも　心は国を　守らんものを〉と歌った高山彦九郎、まさに高山彦九郎の再現であったのだと思います。

それと、彼を偲ぶには一番いい言葉だと思うんですけども、昭和十二年、支那事変の激戦中に壮烈な死を遂げられた、軍神と言われた杉本五郎中佐の『大義』という書物のなかに、こういう言葉があります。これはたぶんご子息に宛てて述べられた遺訓かと思っていますけれども、〈汝吾ヲ見ント要セバ尊皇ニ生キヨ。尊皇ノアル処常ニ吾在リ〉という言葉があります。まさにこれは今日、そして今後、三浦さんを思い出すきっかけになると思っています」

三浦の一期前に日学同委員長（昭和四十七年十月〜四十八年三月）をつとめた片瀬裕は、三浦と同じ昭和二十四年生まれ。三浦が二浪した分、片瀬のほうが一学年上となり、三浦は片瀬を終生「先輩」として遇したという。

ともに北一輝や大川周明に傾倒していたこともあって、ふたりは当初から話が合い、すぐに親しくなった。片瀬はその時分、三浦が二・二六事件で決起した青年将校のリーダー格である磯部浅一一等主計の激烈な思想と行動に共感を抱き、その獄中手記の一節を手帳に書き留めていたのをよく記憶していた。

その磯部の獄中手記を手がかりに、磯部への思い入れを込めて、『「道義的革命」の論理』（『文藝』昭和四十二年二月号）という政治論文を発表したのが三島由紀夫で、三島はそのなかで、

《私はむしろ、その成功のあとに来る筈の、日本経済の近代化工業化と、かれらが信奉した国体観念との、真正面からの相剋対立に、かれらが他日真に悩む日があったであろう、その悩みにこそかれらを十分にひたらせて成熟せしめたかった》

と記している。

片瀬は三浦の自裁を知ったとき、まさしくその「悩み」をこそ青年将校に代わって引き継ぎ、悩みに浸りきった男こそ三浦ではなかったのか、と思いを新たにしたものだった。

片瀬は三浦にこんな追悼の言葉を送った。

「……たしか十五年ほど前、高田馬場の三浦君の部屋を訪ねたとき、壁に――そのころは習字もまだ習ってなかったですけれども――あの三浦君の癖のある右下がりの字で、《辛酸亦佳境

に入る》という言葉を壁に掲げていました。これは明治の民権家で足尾鉱毒事件の田中正造翁の座右の銘なんです。まさにその《辛酸亦佳境に入る》というのは、三浦君の心境だなあとつくづく思ったことを覚えています。

大正、昭和の愛国的な歌人に、三井甲之《みついこうし》という方がおるんです。これは蓑田胸喜《みのだむねき》なんかと『原理日本社』というものを興した人なんですが、その人が、〈ますらをの　かなしきいのちつみかさね　つみかさねまもる　やまとしまねを〉という歌を残していますけれども、まさにこの言葉を、三浦君に捧げて、永別の言葉に致したいと思います」

三浦重周（当時は重雄）が日学同こと日本学生同盟の門を叩いたのは、昭和四十五年三月七日のことで、ちょうどその日は早稲田大学政治経済学部の入試の合格発表があり、三浦の同大同学部への入学が決まった日であった。

日学同は創設四年目を迎え、山本之聞委員長（早大四年）―玉川博己書記長（慶大二年）体制の時代である。

合格発表を見た三浦は、早大キャンパスで「早大国防部」の出店を出し新人募集活動を行なっていた日学同メンバーのもとへ、そのまま脇目もふらずに歩み寄り、

「入りたいんですが」

と即座に加入を申し込んだのだった。三浦が生涯を懸けた民族派運動の記念すべき第一歩であった。

「三浦重周さんとお別れの夕べ」において、三十五年前のそのときの情景を、つい昨日のことのように鮮やかに思い浮かべていたのが玉川博己であった。

玉川こそ、その出店に座って初めて三浦と応対した男であったからだ。

第二章　日学同篇

──友情の絆、天と海　星を貫く鎖のごと強し

昭和四十五年三月七日、三浦が早稲田大学の正門をくぐったのは、大隈講堂前に掲示された早大政経学部の合格発表を見た直後のことだった。

掲示板のなかに自分の名を見出した三浦は安堵するとともに、希望に胸を高鳴らせて早大キャンパスへ第一歩を踏み出したのだ。

三浦の目に真っ先に飛び込んできたのは、正門入り口のすぐ左側で緑旗を手にする学生服姿の男だった。その隣りには「新入生募集」という看板を掲げた出店が出され、眼鏡をかけた見るからに真面目そうな学生が座っていた。

むろんそこだけに限らず、広いキャンパスにはそんな光景があちこちに広がっていた。各政治党派や文化系サークル、運動部などが入り乱れて出店を出し、新入生募集活動を展開する春先の大学キャンパス馴染みの光景だった。

折しも時代は激動の七〇年代の幕明け──七〇年安保の年であった。前年一月の東大安田講堂攻防戦を経て学生運動はやや下火になったとはいえより過激さを増し、「七〇年決戦」を呼号する新左翼政治党派にとって、大学キャンパスは活動家獲得に鎬を削る場でもあった。そんな党派のヘルメット姿、スローガンを書き連ねた立て看板が林立し、早大キャンパスは活気を呈していた。

だが、新入生の三浦はそれらの一切に目をくれようともしなかった。三浦にとって、真っ先に目に飛び込んできた緑旗こそ、自分の飛び込もうとしていた運動体のシンボルであった。その緑旗とともに、

《憂国の志士来たれ。共産革命勢力の大学支配を許すな。新しい学生運動の創出を！　自主憲法制定。自主防衛体制確立。失地回復》

の文字が躍る出店を出していた組織こそ、三浦の目指すものであった。それこそ三浦が大学生活を賭して取り組もうと志を立てた民族派学生運動の担い手——日本学生同盟（日学同）であり、日学同支部早大国防部であった。

このとき緑旗を掲げていた学生服姿が日学同中央執行委員の明大生三谷哲央であり、出店にいた学生が同書記長の慶大生玉川博己だった。

三浦はまっすぐその玉川に歩み寄ると、

「入りたいんですが」

と申し出たのだった。

三浦は昭和二十四年九月五日、新潟県西蒲原郡巻町（現新潟市西蒲区）に、三男一女の次男として生まれた。三浦の故郷は見渡す限り広大な水田地帯が広がる蒲原平野（別名越後平野または新潟平野）のど真んなか、日本有数の穀倉地帯として知られる地であった。

つねに間近に弥彦山（標高六三四メートル）がそびえ、右手（北側）は角田山（同四八二メートル）、左手（南側）には良寛さんが住んだ五合庵の史跡が残る国上山（同三一三メートル）を望み、晴れた日には山なみの間から佐渡島の島影が見通せた。それが子どものころから馴れ親しんできた三浦の原風景であった。

《その国上山の麓に一時期オヤジが勤務しており、私はここでオフクロのお腹に入った。オフクロは単純な人だったが信心深く良寛様の夢を見て懐妊したと言い、子供の頃は「お前は良寛様の生まれ変わり」「お前は安寿様になったら

大出世する」とよく口癖の様に言っていた》
（三浦重周著『行雲流水』「弥彦山」より）

大正六年生まれの父敏二は昭和十三年九月と昭和二十年六月の二回にわたり歩兵第十六連隊（新発田）に入営し、日支事変、大東亜戦争と出征、復員後、国家地方警察新潟県本部・西蒲原地区警察署に奉職、西蒲原郡燕町渡部（現燕市渡部）駐在所勤務を手始めに、同巻町漆山（現新潟市西蒲区漆山）、同中之口村六分（現同市同区六分）、同味方村西白根（現同市同区味方）の各駐在所を歴任、昭和四十九年三月に退職している。

二度も兵隊にとられて外地にも赴いた敏二は昔気質の厳格な人物で、自ら体験した戦争への思い、あるいは弟をはじめとする戦没者への鎮魂の思いはことさら強かったようだ。

警察退職後の昭和五十二年六月には、慰霊巡拝団としてガタルカナル島にも渡っている。

大戦における激戦地となったガタルカナル島に上陸した将兵三万一千有余のうち戦没者は二万一千有余名で、新潟関係者が最も多く、陸・海軍の将兵・軍属・船員等二千八百四十九柱であったという。その慰霊巡拝団の一員として同島に渡った敏二は、そのときの記録をまとめた『あゝガタルカナル島』という函入上製本まで自費出版しているのだ。なみなみならぬ思い入れであろう。

三浦の思想形成のうえで、そんな父や戦死した叔父の影響があったのも否めまい（三浦の子ども時代の一番の遊び場である白山神社には叔父の名も刻まれた忠魂碑があった）。

「国家の一貫性を信じて死んでいった二百五十万の英霊に対する責任」

とは、後年三浦がよく口にしていた言葉だった。

三浦を政治的に目覚めさせ、民族派のほうへ進ませる最初のきっかけとなったのは、昭和二十七年一月の李承晩ライン宣言であった。

韓国の李承晩大統領が海洋主権宣言を出して一方的に宣言した水域境界線で、竹島を含む広い公海に主権を主張したものだった。それに基づき域内に入る日本漁船を拿捕し、漁民を抑留する韓国側のやりかたに憤慨する大人たちの話を聞いているうちに、三浦は子ども心に民族問題に目覚めたのである。

さらに社会問題に目を向けさせることになったのは、小学四年生のときに起きた六〇年安保闘争だった。安保反対デモは東京ばかりか新潟においても大々的に行なわれ、田舎の駐在である父親をも警備に狩りだすほどのものであった。デモ警備のため毎夜遅く帰宅する父親を通して、六〇年安保はなおさら身近な問題となったのだった。また、家に入ったばかりのテレビに映る国会議事堂を取り巻くデモの大群は、小学生の身にも大変な衝撃であった。

李承晩ライン問題が日韓基本条約によって解決を見たのは三浦が県立巻高校に入学した昭和四十年のことだが、三浦は政治や社会問題に強い関心を持ち続け、受験勉強に打ちこむ一方で、岩波新書を片っ端から読破するというような読書をする高校生になっていた。

昭和四十年以降、世はまさに政治的季節の到来となり、四十一年十二月には三派全学連が再結成され、学費値上げに端を発する大学紛争が全国的に広がりを見せて行く。

昭和四十二年十月八日には、佐藤栄作首相のベトナム等への訪問を阻止すべく羽田空港へ突入を試みた三派全学連二千五百人と機動隊とが激しくぶつかり合い、京大生山崎博昭が死亡する事件も起きた。

ヘルメット、角材、石といった防具や武器が初めて登場したこの闘争は、一〇・八羽田闘争といわれ、日本の新左翼運動史における画期的なものとなった。

続いて十一月十二日には佐藤首相訪米阻止の第二次羽田闘争が起き、三派全学連三千人が機動隊と衝突した。

いずれも三浦が高校三年生のときの事件で、三浦は翌四十三年三月、巻高校を卒業するが、東北大学の受験に失敗、東大を目指して新潟で浪人生活に入った。いわゆる宅浪（自宅浪人）であったが、激動の一九六八年といわれるこの年、学生運動はさらにヒートアップし、まるで革命前夜を思わせるような騒乱の年となった。

一月の佐世保エンタープライズ寄港阻止闘争を皮切りに、三里塚闘争、王子野戦病院開設阻止闘争、沖縄反戦デー闘争などが続いて、三派全学連を中心とするデモ隊と機動隊とが各地で衝突を繰り返し、一〇・二一国際反戦デーではついに新宿で騒乱罪が適用されるに至り、一斉検挙により七百六十九名が逮捕された。

また、日大・東大闘争に代表される大学闘争では、それまでの全学連に代わって全共闘（全学共闘会議）が闘う主体として登場、この全共闘運動は全国の大学に燎原の火のように広がり、かつてない高揚を見せた。

この時代、若者の反逆・叛乱は日本だけのものではなく、世界的な傾向にあった。パリの五月革命、アメリカのスチューデントパワーや黒人解放闘争、ドイツの赤い旅団、あるいはチェコのプラハの春、中国の文化大革命など、既成の体制に対する若者の〝異議申し立て〟は、同じ時期に発生し行なわれていた。

昭和四十四年一月十八日には東大安田講堂攻防戦が勃発、機動隊八千五百人が東大に出動、安田講堂に立てこもる全共闘系学生の実力排除にかかった。その結果、一月十八、十九日の二日間で六百九十一人が逮捕された。

この東大紛争は三浦自身にも直接的な影響をもたらした。昭和四十四年度の東大入試が中止となり、東大入学を諦め志望校を別の大学に切り替えざるを得なくなったのだ。

そこで三浦は京大法学部と早大政経学部に狙いを絞って受験し、早大は合格したが、京大は落ちた。東大入試の中止に伴ない京大への雪崩現象が起き、京大の難易度がグンと高くなったことにもよるだろう。

三浦は合格した早大政経学部には入らず、再び東大への挑戦を期して二浪することにした。今度は上京し、北区赤羽の新聞販売店に住み込んで新聞配達をやりながら、御茶ノ水駅近くの駿台予備校に通って受験勉強に打ち込むという浪人生活を選択したのだった。

三浦の成績は悪くなかった。駿台予備校では一千番以内の成績であれば定員三千人の東大に入れると保証されていたが、三浦は常時五百番ぐらいに位置し、いいときは二十番以内のときもあったほどだ。充分東大が合格可能な位置につけていたのだが、いかんせん受験が近づくにつれいささか荷が重くなったのは、酒を覚えてしまったからだった。

一方で、世は挙げて左翼にあらずんば人にあらずといった風潮で、革命前夜のような時代状況は続いており、大学キャンパスや街頭ではヘルメット・タオルフェイス・ゲバ棒姿の学生たちがわが物顔に跳梁跋扈していた。

三浦は予備校のある神田周辺で、全共闘や全学連による街頭闘争――機動隊とのぶつかり合いを何度も目の当たりにすることになる。五月二十四日の大学立法反対闘争の折には、神田駿河台一帯の路上にバリケードが築かれ、機動隊と衝突する彼らの姿があった。

いいように暴れまわるそんな彼らを見るたびに、三浦は闘争心を燃やし、

〈よし、大学へ入ったら、オレは民族派の運動をやろう！　こいつらとは反対方向からの維新革命運動に命を懸けよう！〉

と誓いを新たにしていた。

結局東大は落ち、早大政経学部に受かった三浦は、早大に合格発表を見に行ったその日のうちに、日学同入りを決めたのだった。

日学同に関しては予備校時代から『全学連各

派―学生運動事典―』（社会問題研究会編＝双葉社）という著書を通して知っており、大学へ入ったらここで運動しようと決断していたことであった。

同書によると、日学同は昭和四十一年十一月に結成され、「綱領」は、

一、我々は学生の本分を自覚し、知識と行動の合一を計り、以って人格形成に努力する
一、我々は日本の歴史と道統を尊び、民族精神の昂揚と文化の創造に努める
一、我々は道義を尊び、法に従い、その理念を中道の精神とする
一、我々は自由と平和を愛し、真の民主主義を確立させ、以って人類の福祉に寄与せんとする

「スローガン」は、

一、日米安保条約の長期固定化に反対し自主防衛体制を確立しよう
一、左右反動勢力を排撃し、新民族主義学生運動を逞しく前進させよう
一、米ソ二大支配を打ち破り、沖縄・北方領土返還運動の最前線に立とう
一、共産革命勢力と勇敢に闘い、学園の自治、学問の自由を回復しよう

――とあった。

三浦が日学同でやってみようと決意したのは、そこに既成右翼や自民党、あるいは宗教団体の影や臭いがいささかも感じられなかったばかりか、むしろそれらに対し、打倒すべき戦後体制――ヤルタ・ポツダム体制の一環として批判的であることを知ったからだった。

〈この手で新民族主義学生運動を創出するのだ！〉

三浦は胸の内で静かな炎を燃やしていた。

出店にやってきて日学同への加盟を申し込んできた早大の新入生は、長髪で黒セーター、スラックスと痩せていて優男風、一見すると新左

翼の学生活動家によくいるタイプに見受けられた。東北訛りなのか（あとで新潟訛りとわかるのだが）、言葉もよく聞きとれなかった。

　ただ、玉川にはその澄んだ目が印象深かった。

　玉川が日学同の書記長に就任したのは前年十一月、慶大二年生のときだが、同じ時期、日学同でちょとした内紛があり、悪質な分派策動者として十数名ものメンバーが除名処分を受けていた。

　そんなことがあったのと、運動自体の低迷期と重なって、活動家の人数も減少しているなか、その新入生三浦のように確信的に日学同の門を叩いてくる者は珍しかった。

　一見「新左翼学生風」というその風貌とは裏腹に、三浦は骨の髄から民族派そのものであった。加盟を申し出たその日のうちに、ワセダハウスに顔を出して先輩たちとの議論に加わり、一カ月後の早大入学式のときには、三浦が自らキャンパスに立ち、新入生募集のビラ撒きを行なっているのだ。

　玉川がもっと驚いたのは、入学間もなくして日学同の新入生歓迎コンパが早大近くの居酒屋で行なわれたときのことだ。三浦は指名されると、

「我国の軍隊は世々天皇の統率し給ふ所にぞある。昔神武天皇躬《み》づから大伴物部の兵《つわもの》どもを率ゐ中国《なかつくに》のまつろはぬものどもを討ち平げ給ひ高御《たかみ》座《くら》に即《つ》かせられて天下《あめのした》しろしめし給ひしより二千五百有余年を経ぬ」

　で始まり、

「朕斯も深く汝等軍人に望むなれば猶《なお》訓諭《おしえさと》すべき事こそあれ。いでや之を左《さ》に述べむ」

　で終わる軍人勅諭の前文を朗々と暗唱、最後に、「一つ、軍人は忠節を尽すを本分とすべし。一つ、軍人は礼儀を正しくすべし。一つ、軍人は武勇を尚ぶべし。一つ、軍人は信義を重んずべし。一つ、軍人は質素を旨とすべし」と

いう五カ条の徳目を唱じて締め括ったのである。

〈こりゃまた変わったヤツが入ってきたなあ〉

と感嘆した玉川は、あとで三浦に、

「凄いね、君。どうしてあんな長くて難しい軍人勅諭を暗記できるの?」

と訊いてみた。

三浦の弁によると、小学生のころ、伴淳・アチャコの『二等兵物語』という映画が大当たりして、テレビでも盛んに戦争や兵隊を題材にした番組を放送していた時期があったという。そんな番組のひとつに、入隊してきたばかりの初年兵が、軍人勅諭を暗唱させられる場面があって、

「初年兵はなかなか憶えられなくて、つっかえてばかりいるんです。そのつど古参兵のビンタが飛ぶというその繰り返し。それを見ているうちに、こっちが暗記してしまったんですよ」

と、軍人勅諭を暗記するに到った少年期のきっかけを言ってのけた。

この年の夏、日学同は各大学の国防部・国防研究会から三十名の学生を集めて、埼玉県朝霞の陸上自衛隊第三十一普通科連隊で体験入隊を実施した。

七月二十三日から二泊三日で行なわれたこの体験入隊には三浦も参加、学生たちは早大国防部の臙脂色の旭日旗を先頭に、朝霞駅から三十人が隊伍を組み、駆け足で駐屯地門衛所を通過、果敢な意気ごみを見せつけた。その隊列の先頭に立ち、旗手をつとめたのが、三浦であった。

早大に入学するや、三浦は宮崎正弘から紹介された大学近くの若松町の朝日新聞販売店に住み込み、新聞配達をしながら大学へ通い、日学同の活動を行なう身であった。それゆえ朝夕の配達を休むことはできず、二泊三日の体験入隊のために時間を都合するのは難しかったが、なんとか代役を立てて駆けつけてきたのだ。

この体験入隊を主催した全日本学生国防会議議長の高柳光明（武蔵大学）は、新入生で参加した三浦の訓練ぶりを見て、

〈細い体のどこにあんな馬力があるんだろう⁉〉

と感心せざるを得なかった。

それほど三浦は足腰や膂力《りょりょく》が強く、駆け足も速く、マラソンや匍匐《ほふく》前進にしろ、炎天下の行軍にも少しも音をあげることなくこなし、野外演習ではつねに元気溌剌とした姿を見せていた。

訓練の合間を縫って、

「おい三浦、やはり雪国で足腰を鍛えた人間は違うな」

と、高柳が声をかけると、

「いやあ、先輩、きついっすよ」

三浦が照れたように白い歯を見せて応えた。

「たいしたもんだよ。理論派とばかり思ってたら、よっぽどわが国防会議向きじゃないか」

「……いえ、そんなことないっすよ。けど、やっぱり参加してよかったですよ。こんな清々しい汗をかいたことはずいぶんなかったですから」

「そうだろう。それで配達のほうは弟君にやってもらってるの？」

「ええ、あいつに頼んできました」

「そうか、三浦も大変だね。オレも君たちにはだいぶ迷惑かけたし、世話になったからなあ」

「でも、うちの店の親父さんは感謝してましたよ。高柳さんたちのお陰で左翼連中を追い出すことができたって。ヤツらにはほとほと手を焼いてましたから」

「そうか、それならいいんだ……」

高柳は苦笑しながら、つい最近まで三浦と生活をともにしていた日々のことを思い返していた。

東京出身の高柳は昭和四十三年四月、武蔵大学入学以来、日学同の運動に打ち込んできた。

前年六月には、楯の会へ移った早大生の森田必勝のあとを受け継いで全日本学生国防会議の二代目議長に就任、ますます運動一筋となっていった。

その分、学業は疎かになって落第を繰り返し、この春、三度目の一年生となったことで、とうとう親の勘気を被《こうむ》り家を追い出されてしまった。そこで宮崎の紹介で潜り込んだ先が三浦のつとめる若松町の新聞販売店であった。

民族派学生高柳の入店を、店主が、

「いい人が来てくれた」

と歓迎してくれ、高柳用に三畳の部屋まで増築してくれたのは、

「うちにも全臨労がはびこって困ってるんだ。この連中は、革命だとかなんとかいって、うちの従業員にいらぬことばかり吹き込むし、何かといやあ、待遇改善しろだのストライキだ、デモだって配達にも支障が出る。なんとかこの連中、追い出してくれないか」

との理由からだった。「全臨労」というのは全日本臨時労働者組合のことで、その背景にある革命党派が新聞販売店をひとつの運動拠点にしようとしている実態があった。

店主が新聞配達員に求めていたのは、体育会系で根性があって左翼流の理屈を言わない学生で、黙々と真面目に仕事をする三浦は店主から見て信頼のできる理想的な従業員であった。

ところが、店主の望む条件に適っているはずの高柳は、三浦と違って新聞配達員としてはほとんど戦力にならなかった。

なにしろ夕刊を配り夕飯を食べ終えると、夜な夜な全日本学生国防会議系の仲間が数人押し寄せてきて、屋上の物干し台で酒盛りが始まるのだ。その飲み会は店の従業員も引っ張り込んで明けがた近くまで続く。

高柳は毎朝二日酔いのままに受け持ち区域の新聞配達に出るのだが、途中で寝てしまったり、サボることも少なくなかった。

そんなとき、高柳をカバーして代わりに新聞を配っていたのが、三浦兄弟であった。

この春、新潟高校を卒業したばかりの三浦の二歳下の弟芳男も、大学受験を失敗して上京、兄と同じ新聞配達店に住み込みながら予備校へ通う身となっていた。

その三浦兄弟に助けられながら、なんとか高柳も新聞配達を続けることができたのだ。そんな不埒千万なアルバイト学生であったから、高柳は本来なら新聞配達員の担当である集金の仕事も免除された。集金した金が全部飲み代に化けてしまうのは目に見えていたからだが、それでも店主は、

「高柳君はいてくれるだけでいいんだ。多少の乱暴狼藉は仕方ない。若いうちはそれくらい元気なほうがいい」

と、極めて寛大であり、高柳の存在をありがたがったものだ。

高柳たちの夜ごとの酒盛りを大目に見たのも、それが左翼のオルグから従業員を守る役割を果たしてくれたからだった。なおかつ高柳の仲間の武闘派学生が夜な夜な店に出入りするものだから、左翼学生は居たたまれなくなり、ひとり減りふたり減りして、終いには誰もいなくなってしまった。

結局、高柳の新聞配達員暮らしも三カ月しかもたなかったのだが、店主からは大いに感謝されることになったのだった。

「いや、面目ない。三浦にはとんだ迷惑をかけた……」

三浦と三カ月間、新聞配達の生活をともにしながら、好き勝手なことばかりやっていた、ついこの間のことを思い出しながら、高柳は三浦に詫びた。が、三浦もとんと気にしている風はなかった。

朝霞駐屯地での体験入隊最後の夜、学生たちが長い行軍を終えて演習場へ戻ると、盛り沢山のバーベキューにビールや日本酒まで用意して

あった。

自衛隊側の好意による飲み放題食べ放題のサービスに、皆が歓声をあげた。

宴が始まるや、クタクタに疲れはてた一同の身体にアルコールが浸みわたり、すっかり酔い心地になり、ベロベロに酩酊する者も出てきた。

すると、教官は頃合いを見て、

「これから野戦訓練を行なう。二手に分かれて軍旗争奪戦だ」

と厳かに命令を下した。

予期せぬ夜半の戦闘訓練の開始となり、一方の組の軍旗を奉持する役目を担ったのが、三浦だった。

およそ二時間にわたる攻防戦。いずれも訓練の疲労としたたかに飲んだ酒の酔いとがまわって、なかには匍匐前進の姿勢のまま眠り込んでしまう者もいた。

三浦もそのひとりで、軍旗を手にしたまま地べたに座り込み、ついうとうとしてしまった。

そのとき、三浦の背後から忍び寄り、軍旗を奪った者がいた。

「三浦、軍旗は取ったぞ、おまえらの負けだっ!」

勝ち名のりさながらの大音声。

三浦は驚いて相手を見上げた。

国士館大学二年生の片瀬裕だった。


二浪した三浦にとって、同じ昭和二十四年生まれではあっても、日学同入りも学年も一年先輩となる片瀬とは、不思議なほど相通じるところがあった。

ともに北一輝、大川周明、権藤成卿ら国家主義思想家の著をよく読んでおり、国家観について論議しあっても互いに意気投合できたし、旺盛な反時代的精神の持ち主であることも、北一輝への傾倒も共通していた。

三浦の下宿近くの牛込柳町に実家があった片

瀬が三浦を訪ねることもあれば、日学同本部のワセダハウスで顔を合わせればむろんのこと、早大正門通りの「ジュリアン」や大隈通りの「ニューエコー」などの喫茶店でも、ふたりは折あるごとに話に興じたものだった。

知り合って間もなくして、片瀬が驚いたのは、たまたま戦前の国家主義思想家で美濃部達吉と天皇機関説論争を繰り広げたことでも知られる上杉慎吉の『国家論』という著書を持っていたとき、三浦が、

「それはヘーゲルの焼き直しですね」

と指摘したことだった。

片瀬は思わず「ほう」という顔になり、わが意を得たりとの思いがあったが、

「どうしてそう考えるんだい？」

と訊いてみた。

「ええ」ひと呼吸おいて、三浦は論じだした。

「国家は最高の道徳であるというのが、ヘーゲルの考えです。歴史哲学だとか精神現象論なんかもそうなんですが、ヘーゲルは意識の遍歴の叙述、一番最初の精神の……『いま、ここの概念』と言って、感覚なんですね。感覚的な確信から弁証法的に進化していって、最終的には絶対精神になる。要するに神、その成長の過程を弁証法的に論じているわけです。意識から自己意識、自己意識から理性になって、精神になって絶対精神になって、存在と思惟は一体である、と。精神現象学の意識の発展の形式を世界の歴史にあてはめて歴史哲学を論じたのがヘーゲルです。東洋の専制国家から十八世紀のプロシアの国家まで。

そのなかで、市民社会というのは欲望の体系なんだ、と。マイホーム主義であったり、経済的な利害関係に重きが置かれる。それを止揚するものが国家であり、国家こそ欲望を制する倫理、道徳の体系なんだという考えですね。ヘーゲルは国家を非常に重んじたわけですけど、上杉慎吉も同じことを言っています」

三浦の弁は熱を帯びるに従い越後訛りが顕著になり、口調もたどたどしくなったが、論旨は明解であった。

片瀬は、この勉強家で情熱家、同い年の新入生に共感を覚えずにはいられなかった。

「要は、すべての政治問題は帰するところ、国家論に収斂されるわけだな。国家をいかに捉えるか――なんだ。美濃部の国家機関説に反論した天皇主権論者の上杉にしても、天皇より国家を重んじてる部分があって、国家とは最高の価値であり、天皇もそれに包摂されるというんだな。

けど、国家というのは人類にとって永遠の謎というか、京都学派の鈴木成高も言ってるんだが、煎じつめれば神の領域じゃないか、人間の理性ではとらえきれないものなんじゃないか。二・二六の磯部浅一も遺書で、国家という言葉が好きだ、と国家というものに対するいわくいい難い憧憬を述べていたけれど、その言葉のなかに単なる機関だとか機構を超えた何か荘厳な響きを感じるんだよ。単に目に見える国家じゃなくて、それを超えた無窮の価値みたいなものが、国家という言葉のなかに含まれてると思うんだよ」

「まったく同感です。国家法人論を唱えたドイツの思想家エルネックの弟子で、領土、人民、主権という国家の三つの概念まで否定して、国家は純然たる法律の束なんだと論じたのはケルゼンですが、ケルゼンに代表される自由主義国家論者が唱える、国家は法であり規範だとする国家論は、何ら実体の伴わない国家ですよね。抽象的な概念に過ぎない。そうじゃなくて、国家というのはあくまで実体を持ったものなんですよ」

「北一輝だな」

「ええ、国家のなかには民族の歴史や伝統、文化も含まれます。あるいは世代――いま生きている一億なら一億の国民だけじゃなくて、過去に無数に連なっている世代の連続する、そういう民族的な価値の実体であって、国家というのは独自の意志を持っているものなんです。単なる個々人の集合ではなく、法や規範でもなく、ひとつの有機体・生命体であり、精神の共同体であり、最高の価値なんですよ」

「オレも同意見だよ。要するに、三浦もオレも北一輝信奉者ってことだな。それにしたって、明治三十九年の時点で、そんな国家論を唱えていた思想家は、世界広しといえど、北一輝ただひとり。凄いと思うな」

三浦と片瀬は、顔を合わせ話をする機会があると、どうしてもそうした国家論を巡って北一輝に結びついた議論になってしまうのだった。

三浦、片瀬ともどもただ一冊の座右の書ともいえる愛読書は、北一輝の『支那革命外史』であった。加えて片瀬は、『真正国家論』を書いたドイツの思想家オトマール・シュパンへの思い入れを、三浦に語った。

「全体は個に先行するというシュパンの考えかたは、日本で一番最初に全体主義の思想として紹介されたんだけど、シュパンはナチス思想の草分けになりながら、最終的にはナチズムから排されてしまったのは、カトリック的な普遍性を持っているからなんだ。オレはこのシュパンをすばらしい思想家と思うし、高く評価しているんだよ。

シュパンの『真正国家論』の巻頭に掲げられているのが、ドイツロマン派のシュレーゲルの〈友情の絆いと細やかなれど　天と海　星を貫く鎖のごと強し〉という詩なんだけど、オレは去年の夏、国防会議の八丈島の軍事合宿で、まさにこの魂に触れるような感動を味わったものさ。訓練でクタクタに疲れ果てた躰を崖上の草むらに休めていたとき、崖下の潮騒の音を聞きながら、夜空に満天の星を仰いで、同志たちと語らったあのひととき……」

片瀬の話に、三浦は黙って聴き入っている。

三浦が片瀬に惹かれたのは、政治思想や国家観を同じくする同志的連帯感以上に、時空を超えた永遠なるものへの憧憬を語る片瀬の、その浪曼的情念への共感だったかもしれない。

だが、三浦が入ったこの年の日学同の運動はいまひとつ盛りあがりに欠け、低調なものになったのは否めなかった。

年明け早々の三月、前年結成された最過激派の赤軍派による日航機よど号ハイジャック事件が勃発したものの、それきり左翼過激派の活動は尻すぼみに終わり、新左翼学生運動も影をひそめていくのと軌を一にするかのようだった。日学同に飛び込んでくる新入生も少なく、右も左も全般に低迷期を迎えていた。

三重県員弁郡（現・いなべ市）出身の国士館大生柴田章雄も、この年入学し日学同の一員となった新入生であったが、父親が警察官という同じ境遇の三浦とはすぐに「柴田」「三浦」と呼び合う仲になった。

柴田が日学同の存在を知ったのは、前年、名古屋の予備校へ通っていたときのことだった。よく民族派学生運動の特集記事を載せていた『二十世紀』という月刊誌を読んで知ったのである。

柴田はさっそく『日本学生新聞』を購読し、大学へ入学したら、その戦列に加わることを決意した。柴田の〝右翼志向〟は、やはり近衛兵だった祖父や、海軍あがりの警察官である父の影響が大きかった。

日学同シンパとなった柴田が、大学受験のため上京した日、名古屋から急行列車で六時間かけて東京駅に着いたとき、ホームを日の丸の旗を振りながら走るふたりの学生があった。

東京は西も東もわからぬ柴田のために迎えにきた全日本学生国防会議議長の高柳光明と早大国防部員の下田喜一だった。

柴田はふたりとともに靖国神社に参拝し、そのままワセダハウスへ連れていかれ、夜通し歓迎の酒宴となった。

翌日、柴田は二日酔いのままに第一志望の大学を受験し、ついで日学同のビラまで撒かされる破目になった。結果はあえなく落ちて、第二志望の国士館大学に受かったという次第だった。と同時にバリバリの日学同活動家の誕生となったのだ。

そこで同期の三浦と出会ったのだが、互いの下宿を行き来するようになって、柴田が三浦の部屋に驚いたのは、三畳のスペースに天井まで本が積みあげられていることだった。

その本の山と山の間の小さな座り机と万年床が、三浦の城であった。学費から生活費の一切を新聞配達の仕事で賄う苦学生なのに、本にだけは惜しまずに金を使っているのが三浦だった。しかも、小説や娯楽の類いの本はまるでなく、すべて政治・思想・哲学・歴史書ばかりで、丸山真男、橋川文三、吉本隆明といった左翼系の学者や思想家の本も多かった。

日学同の先輩たちは、三浦の顔を見るたび、

「三浦、ちゃんとメシ食ってるのか」

との決まり文句を口にした。

柴田もときどき心配になった。

あるとき、実家から名古屋名物の鳥の手羽先が送られてきたので、それを食おうとしたところ、鳥の毛がいっぱいついている代物に、柴田は気持ち悪くなった。とても食べられなくて三浦を呼んだところ、三浦はまるで意に介さず、

「おっ、こりゃ旨いな」とペロッと平げた。これには柴田も、

「同じ貧乏学生でも、やっぱり迫力が違うな」

と感心せざるを得なかった。

また、ある日、柴田が飯田橋の日学同事務所へ赴くと、三浦が小ぶりの缶を片手にかかえて何やら旨そうに食べている最中だった。

「何食べてるんだい？」

覗き込むと、なんと赤ん坊に与える粉ミルク

をスプーンですくって口に運んでいるのだ。

「これは赤ん坊が成長するために作られているから、栄養は十分なんだ」

と、三浦は事もなげに言って、粉ミルクのついた口元を緩めニッコリ笑った。

当時の武闘派民族派学生は、酒を飲むと放歌高吟、軍歌を歌い、テロの話になった。

「政治家の誰某を殺《や》る」

「千万人といえども我往かん。あの何百、何千というヘルメット集団に斬り込みたい」

などと言っては己に酔うタイプが多かった。

三浦は決してそんなことを口にしなかったが、テロは否定せず、明らかにテロ志向があった。

「テロるときは相手を人間と思っちゃいけない。相手はあくまで奸物なんだから」

と言うときも、三浦は決して酔ってはいなかった。

三浦の酒は静かで、いくら飲んでも乱れることもなければ、大言壮語することもなかった。

三浦は二・二六事件で決起し処刑された青年将校磯部浅一の獄中手記の一部を書き留めた手帳を肌身離さず持っていた。

木製のドスをいつも持ちあわせて、ときどきそれを鞘から抜いては悦に入るような茶目っ気があり、稚気愛すべきところもあった。

そんな三浦に対して、柴田が意外な一面を垣間見たのはその年の秋のことだった。

「七〇年決戦」を声高に謳い、怒涛の進撃を開始するはずの左翼革命勢力が何もできずにいる状況に歩調を合わせるかのように、日学同にもまた、この時期、活動の意欲や情熱を失って、沈滞した空気が流れていた。

そうした眠れる民族派学生を心底から覚醒させ、奮い起たせるような衝撃的な大事件が勃発するのは、まさにそんなときだった。

十一月二十五日の三島由紀夫・森田必勝の壮絶な割腹事件である。

計り知れない衝撃を受けながらも、日学同はただちに三島・森田の追悼集会を行なうことを決め、準備が進められた。数日後私学会館で最初の実行委員会が行なわれたとき、会議の冒頭、誰が持ち込んだのかテープレコーダーから三島由紀夫の声が流れてきた。死の直前、市ヶ谷の陸上自衛隊東部方面総監室のバルコニーから前庭に集まった自衛隊員に向かって演説しているものだった。

これにはその場に居合わせた一同も、粛然としてそのテープに聴き入っていた。

「……おまえら、聴けい！ 静聴せい！ 男一匹が命を懸けて諸君に訴えているんだぞ！」

と、声を振り絞るような三島の最後の演説。自衛隊員の野次や怒号、上空を旋回するヘリコプターの音が思いのほかうるさく、三島の声もかき消されがちだった。

それらの野次に改めて怒りが沸いてくるのか、あるいは三島の無念さに思いを馳せるかのように、ある者は天井を仰いで瞑目し、またある者は拳を握りしめたり、腕を組んで黙想する者もいたが、誰ひとりとして声を発する者はなかった。

録音テープだけが静かに廻り、喧騒に包まれたなかの三島の絶叫が続く。

と、そのうちに、地の底から立ち昇ってくる唸るような音が響きだした。それが誰かの嗚咽の声とわかるまで、皆は少し時間を要した。

その音の主を一同が悟ったのは、嗚咽が慟哭に変わったときだった。それが三浦であった。

やがて三浦は立ちあがり、壁にもたれて号泣しだした。

「三浦、泣くな！」

と怒鳴るようにたしなめたのは、早大国防部で一年先輩の下田喜一だったが、そういう下田自身、すでに涙声であった。

〈――三浦が……あの三浦がこんなに感情を顕わにする男だったとは！……ヤツはこんなに激

情家だったのか……〉

もの静かで淡々とした三浦しか知らない柴田が、意外の感に打たれたのはこのときだった。が、柴田も溢れる涙を堪《こら》えることができなくなっていた。

下田や柴田だけではなかった。三浦につられるように、その場にいた全員が声をあげて泣きだしたのである。

およそ二十人ものメンバーがそろって男泣きに泣く光景は一種異様であり、壮観でさえあった。日学同の歴史のなかで後にも先にも初めてのことであったろう。

その日——十一月二十五日は朝から秋晴れの好天に恵まれ、外は明るい日差しに満ちていたが、三浦の心持ちは晴れやかとはいいがたかった。三浦は朝刊配達を終え朝食を摂ると、布団に潜り込んだ。大学の授業にも出る気も起こらず、何の予定もない日は夕刊の梱包が届くまで、いわばフテ寝を決め込むのだった。

その時分、三浦は日学同の活動にもいまひとつ情熱を持てずにいた。大学に入学したら民族派の学生運動に打ち込もうと、意気込んで日学同に飛び込んだものの、夏を過ぎたころには左翼の学生運動の衰退とともに、右のほうにも文字通り秋風が吹き始めていた。

「今年は七〇年安保で大変なことになるだろう」

とは、民族派の共通認識であったが、結局何も起こらず、予想を裏切られる形となって、三浦を含め多くの日学同活動家から緊迫感や決死の思いが薄れていった。運動も盛りあがらず、日学同から離れていく学生も少なくなかった。

それでも十一月初旬の早稲田祭には、早大国防部も参加し、「大満洲国の理想」という展示を行ない多数の参観者を集めた。三浦の企画によるものだった。

きっかけは、三浦が新宿日活で五味川純平原作・山本薩夫監督による日活オールスター作品『戦争と人間』を観たことだった。原作者も監督もガチガチの左翼とあって、満洲を題材にした同作品は、絵に描いたような左翼教条主義的な善玉悪玉史観に充ちたものであった。

三浦は呆れ返り心底から痛憤せずにはいられなかった。ちょうどそのころ、早稲田祭を間近に控えていたこともあって、日学同委員長で翌春の大学卒業を目前にした早大国防部の先輩である山本之聞から、

「大学祭にはわが国防部も出展したい。何か研究テーマを出してくれ」

と言われたとき、三浦は即座に、

「『戦争と人間』のような左翼の満洲建国史観が罷り通るのは看過できません。満洲建国の理想とは何だったのか。その歴史的意義を広く訴える必要があると思います。この際、満洲建国をテーマにしたものを出展するのはどうでしょうか」

と提案した。山本も、

「それはいいね。オレも最後だから、何かきちんとしたものを残したい。よし『大満洲国の理想』で行こう」

と応じ、実現に至ったものだった。

展示会場となった早大の教室には満洲国旗が掲げられ、その隣りには畳数枚分の模造紙に筆で大書された満洲国建国宣言の全文が掲示された。

また、石原莞爾、大川周明をはじめ満洲青年連盟関係者など満洲に五族協和の理想郷を建設しようとした人たちの思想や業績を各種の写真や資料とともに展示、三浦たち早大国防部は他大学の日学同メンバーの応援も得て、なみなみならぬ力の入れかたでこの活動に取り組んだ。

加えて、第一章「満洲国　その生成」、第二章「満鉄興亡史」、第三章「大川周明博士と大亜細亜主義の思想」、第四章「戦争史大観」、第五章「昭和維新論」から成る大論文集「大満

洲国の理想」を共同執筆し、三浦もかなりの部分を担当し、健筆をふるった。

それらは参観者にも概ね好評を博し、会場でホスト役となって披露する三浦の独自の満洲建国史観や昭和史の該博な知識ともども年配者を唸らせた。

三浦たちの努力は報われ、早大国防部の早稲田祭への出展はひとまず成功裡に終わったのだ。

だが、それから一週間後の十一月十四日、日学同の創立四周年を記念して市ヶ谷・私学会館大ホールで開催された「日学同第五回全国大会」は必ずしも成功とはいえなかった。

半年前の五月三日に池袋の豊島公会堂で開催された日学同傘下の全日本学生憲法会議の第二回全国大会（憲法を考える青年学生集会）では千二百名もの学生、青年、市民を集めたのに、この第五回全国大会ではその十分の一、百二十人の参加者しかなかったからだ。


先ごろ中央委員会の一員に選出され、この大会で正式に承認されることでいよいよ活動に打ち込もうとしていた三浦も、いささかみじめな気持にならざるを得なかった。

いったい皆の情熱ややる気はどこへ消え失せたというのだろうか。

三浦同様、この春に日学同に飛び込んだ新入生のメンバーも、おおかたは去り、夏ごろからさっぱり顔を見せなくなる同盟員も目立ってきていた。それはビラ貼りなど地道なつらい作業となればなおさら人が集まらず、来るメンバーは決まっていた。

この第五回全国大会のビラ貼りにしても同様の現象が起き、いつも決まった顔ぶれが五、六人しか出てこなかった。

そのメンバーのなかに山本之聞や高柳光明が入っているのだから、何をかいわんや、さすがの三浦も情けなくなってきた。本来新人の役目であるはずのビラ貼りを、人手がないために

（深夜、ときには警官に追われたり、新左翼党派と鉢合わせて殴り合いにもなりかねないビラ貼りなど、やりたがる者はいないに決まっていた）、トップや執行部役員が自ら行なっているという実態。

三浦は暗澹たる気持ちになった。日学同は果たして立ち行くものだろうか。日本の民族派学生運動はこれからどうなるのだろうか。

日学同第五回全国大会では、早大を卒業する山本之聞委員長に代わって玉川博己新委員長が満場一致で承認され、日学同の新役員として玉川委員長以下、三谷哲央書記長、高柳光明組織局長（全日本学生国防会議兼務）、赤松一男関西総支部長の中央執行委員、また中央委員には三浦のほか、片瀬、早大の先輩の下田、杉浦利重、同期の柴田、明大の安藤浩二などが選出されたのだった。

大会の冒頭、前委員長をつとめた山本が、

「日本の将来を築くものは新民族主義であることを再認識し、歴史に綿々と位置づけた若い世代から起きた学生運動の主流は日学同であるという使命感を持って大いに活動してほしい」

と退任の挨拶をし、続いて新委員長の玉川が、

「左翼運動を粉砕するため一般青年層にわれわれの運動を浸透させ、学生運動そのものを民族的にし、ナショナリズムの高まりを以って自主憲法、自主防衛体制の構築、失地（北方領土）の回復を克ちとろう」

と挨拶、その後、全国からの代表の決意表明も行なわれ、大会第二部では、京都産業大学教授小谷秀二郎の「消えた独立国」、作家藤島泰輔の「国際社会に於ける日本の役割」と題した記念講演も行なわれたが、参加者の少なさもあって、いまひとつ盛りあがりに欠けたのは否めなかった。

そんな全国大会が終わってからまだいくらも経っていなかった。

左翼革命勢力も停滞の一途をたどり、民族派陣営も日学同の運動も低調とあって、三浦自身もほかの同盟員同様、落ち込みぎみの日々を送っていた。

ぐっすり寝込んでどれくらい経ったときだろうか。いきなり体を揺さぶられ、

「兄《あん》ちゃん、兄ちゃん、大変だ！　起きてくれ！　ラジオで何かやってるぞ！」

同居して一緒に新聞配達のアルバイトをしている予備校生の弟芳男の声が聞こえてきた。

「……何だ？　どうしたんだ？」

寝ぼけ眼で、三浦が布団から半身を起こした。時計を見ると、午後二時近かった。

「三島由紀夫が市ヶ谷の自衛隊で割腹したとか言ってるぞ」

「えっ本当か、それは！」

三浦ははね起きた。眠気もいっぺんに醒め、ラジオの臨時ニュースに耳を傾ける。

世にいう「三島事件」の勃発を知った瞬間であった。

この日の夕刊は遅れに遅れた。日本どころか世界中に衝撃が走った社会的な大事件とあって、各新聞社ともこの関連記事を紙面で大々的に取り扱うべくギリギリまで関係方面に取材し、時間をかけたためだった。

いつもなら午後四時には新聞店に配送されるはずの夕刊の梱包が、この日は三時間半遅れて午後七時半に届いた。それまでの二年間の新聞配達の経験のなかでも、三浦には初めてのことだった。

三浦たちは外出もままならず、店で待機しなければならなかった。その間、ラジオでは三島事件の続報が流れ、三浦も心穏やかではいられなかった。

三浦はついに一度も会ったことはなかったが、三島とともに自決を遂げた楯の会学生長の森田必勝は早大国防部の先輩であり、全日本学

生国防会議の初代議長でもあった。同会議の結成大会（昭和四十三年）のときには、多忙にもかかわらず、会場となった市ヶ谷の私学会館大ホールへ駆けつけて祝辞を述べ、万歳三唱までしてくれたのが、ほかならぬ三島であった。三島、森田ともども日学同とは浅からぬ縁があった。

ようやく午後七時半に届いた夕刊を、三浦が配り終えたときには午後九時半になっていた。

事件のショックとさんざん待たされた挙句の夕刊配達を終えた疲れとで、三浦はもうどこへも外出する気にはなれなかった。行けば必ず仲間と会えるワセダハウスや喫茶店「ジュリアン」に行くのも億劫になっていた。

賄いの夕飯もそこそこに、事件を報じる夕刊に目を遣るともなく見遣っていたが、内容はあまり頭に入ってこなかった。三浦はほとんど放心状態になっていた。

新聞店に三浦を呼びだす電話がかかってきたのは、そのときだった。三浦が電話に出ると、果たして、

「おっ、三浦か。おまえ、どうした？」

相手は日学同の創設者で、「ジュリアン」のオーナーである矢野潤であった。

「はあ、何か？……」

これまで矢野から直に電話を受けたことなどなく、三浦が何のことかわからずにいると、

「おまえ、全然顔出さないから心配してたぞ。すぐ『ジュリアン』に来い」

矢野の呼び出しを受けて、三浦は早大正門通りにある「ジュリアン」へと赴いた。

「おお、来たか、三浦」

「ジュリアン」では矢野が待っていたばかりか、高柳のほか、見知った同盟員が二、三人同席していた。

「今日はどうしてたんだ？」

「夕刊が大幅に遅れて、ついさっき配達を終えたばかりなんです」

「そうか。今日はな、三島先生の事件でワセダハウスも大変だったんだよ。なあ、高柳」

矢野の話を受けて、高柳が三浦に説明しだした。

「事件がニュースで流れると、ワセダハウスには昼からひとがバンバン集まりだしてな、呼びもしないのに。普段見たこともないようなヤツや、あれっ、こんなのいたかなという連中まで現われて大変な騒ぎになった。なかには市ヶ谷駐屯地の正門前に駆けつけたものの、機動隊に阻止されあやうく捕まりそうになってワセダハウスへ駈け込んできたヤツまでいるんだ。まあ、みんな興奮状態だった」

高柳の話に、さもありなんと三浦も頷いた。

店内に客の姿はすでになく、矢野が自らビールを運んできて、三浦のグラスに注いだ。

「それでな、夜になってようやくみんなの興奮が冷め、少し落ち着きを取り戻したころ、矢野さんから、同盟員でいなくなったヤツはいないか、チェックしろ、という連絡が入ったんだよ」

高柳が話を続けた。

「そこで、そういえば、三浦がいないぞということになってね。普段、顔を出さない、見たこともないようなヤツが来ていて、肝心なヤツが来てないじゃないか、三浦はどうした？　という話になってさ、そしたら『あいつはいつも過激なことを言ってるし、今日の事件に刺激を受けてテロをやるんじゃないか』とか、『三浦は庖丁を持って誰かを狙ってるという噂もあるぞ』って言いだすヤツもいて、それで矢野さんが心配されて……」

身に覚えのない思わぬ話の展開に、三浦は驚くばかりだった。

矢野は三浦を正面から見据えて、真剣な面持ちで諭しだした。

「おまえ、テロをやるなんてことを考えてはいかん。そういうバカなことは止めろ。テロで世の中変わらんぞ。それより大事なことは大学に根ざした運動だ……」

矢野はおよそ二時間にわたって早大紛争や早学連（早稲田大学学生連盟）のこと、日学同が結成されるいきさつ、あるいは現在に至るまでの歴史、三島由紀夫や森田必勝との関係などを三浦に話し続けた。

ビールもしたたかに馳走になって店の外に出た三浦を、深夜の冷気が引き締めた。三浦は住み込み先の新聞店とは逆の方向にあるワセダハウスへと向かった。

ワセダハウスに着くと、高柳が言うようにこれまで三浦が会ったこともないような学生たちも来ていた。それだけでも事件の衝撃の大きさが知れるというものだった。その夜、三浦は数名の同盟員とともに、中庭で早大正門に掲げる三島・森田追悼の立て看板づくりに励んだ。横幅七、八メートルにも及ぶ大きな立て看板をつくり、周囲を黒枠で囲むと、山本之聞に命じられ毛筆を手にしたのは、片瀬であった。

片瀬はまず「烈士三島由紀夫、森田必勝を悼む」と横書きで大書すると、続いて「我らが師三島由紀夫先生森田必勝同志に謹んで哀悼の意を表させていただきます」で始まる追悼文を綴った。それは深夜から早朝にかけての作業となったが、その現場を覗き込むようにしてジッと見つめていたのが、一階に住む林隆三という売り出し中の新人俳優だった。独身者や子持ち所帯、会社事務所も入居していたワセダハウスだが、日学同草創期から『日本学生新聞』の編集室となり、闘いの出撃拠点ともなって猛者がたむろしたここの一室も、この翌年の夏には、建物の解体工事のため明け渡されている。

さて、片瀬が一心不乱に精神を集中して全文を書き終えたときには、夜が白々と明けようとしていた。

「さあ、できたぞ。拙い字だが、仕方ない」

「そんなことはない。片瀬さんの字はうまいもんです。それに魂がこもってますよ」

その悪筆を皆に知られている三浦の実感であった。

「よし、じゃあ、早大へ運ぼうか」

「オーッス！」

誰もが気合いが入っていた。

彼らはその大看板を早大に運び正門に据えると、看板の前に三島・森田の遺影を掲げ焼香台を用意した。三浦はふたりの遺影に深々と一礼すると、新聞販売店へ向かって駆け出した。


早大国防部の名で出したその三島・森田追悼の立て看板は、早大正門の半ば以上を蔽っていやでも人の目についた。

当時の早大といえば、革マル派の拠点校として知られ、同派ばかりか、社青同解放派、民青、ブント社学同らが入り乱れて跳梁し、その政治的主張を訴える立て看板がキャンパスに所狭しと並んでいた。

他大学同様、左翼の天下であったから、そんな早大国防部の立て看板など、多勢に無勢であっという間に排除されてしまう懸念もあった。ヘルメット集団による火炎瓶やゲバ棒襲撃など、いつでも起こりうることだった。

もとよりそれは日学同の面々も百も承知のうえで、とりわけ三浦は、

「遺影はこの命に代えても守ってみせる」

との凛然たる決意を披瀝し、遺影の横に終日つきっきりの姿勢を見せた。

看板の裏側や正門脇の植え込みに木銃や木刀を潜ませて、何十人の襲撃があろうと、三浦は一歩も引かずに闘う覚悟を決めていた。

その気迫に圧されたわけではあるまいが、ヘルメット集団による襲撃はついぞなかったばかりか、ノンポリと見られる一般学生が多数、ふたりの遺影に手を合わせ、線香を手向けてくれるのに、三浦は意外な感にうたれたが、やはりうれしかった。

しばらくして、ひときわ目立つ長身の男が正門前に現われ、その立て看板と遺影に目を留めたとき、三浦にサッと緊張が走った。右であれ左であれ早大の活動家なら知らぬ者とてない男、いや、一般学生にさえ知られた、ある種の名物男であったからだ。

次の瞬間、彼がとった行動に、三浦はわが目を疑った。彼は遺影の前で立ち止まるや、香を手向け、しばし瞑目合掌に及んだのだ。

その姿に、三浦は深い感銘を覚えずにはいられなかった。

〈ああ、やっぱりこのひとは本物だ。命を懸けて革命運動に打ち込んでる男なんだ。本物は本物を知る――命を懸けてる者は命を懸けてる者のことがわかるってことだ、敵であろうと何であろうと……だから、こうして敬意を表してくれてる。……矢野さんは社青同の大口昭彦を、敵ながら天晴れとまで言ってたけど、この男こそ敵ながら天晴れ……〉

三浦は感動のままに男に向かって軽く頭を下げた。

男の名は高島忠雄――とはいっても、名前を知っている者は少なく、その容貌魁偉のゆえにフランケンシュタインの略、〝フランケン〟で通っていた。早大一文自治会委員長、革マル派中央執行委員で、指揮官先頭の精神よろしく、革マル派の隊列あるところ、つねに最先頭に立って闘う活動家だった。

その武闘性と、性格俳優の伊藤雄之助と田中邦衛を足して二で割ったような愛嬌のある長顔とが相俟って、学生の間で人気も高かった。

日学同初代委員長齋藤英俊の好敵手で、三浦も早大国防部初代部長でもある先輩の齋藤から、フランケンのことはよく話を聞かされていた――。

「〝フランケン〟というのは、オレたちが最初に呼んだんじゃないかな。彼のほうが学年はひとつ上だけど、歳は三浪してるオレより下。早大のストライキを巡っては対立もしたけど、オレとは最初から仲が良かった。殴り合ったことは一度もないよ。ヤツらは『反帝反スタ』で、オレたちの『反米反ソ』にも通じるし、反民青ということでは一致していて、お互い民青のことは蛇蝎《だかつ》の如く嫌っていた。民青のほうもオレたちを嫌っていて、『祖国と学問のために』という機関誌で、国防部の齋藤と革マル派の高島は金銭の貸し借りをしているような関係だとかあることないことじゃなくて、ないことないことばかりを書いていた。

フランケンはいつも髪の毛をボサボサにしてたんだけど、あるとき床屋に行ったのか、髪を刈りあげて可愛い顔というか、トッチャン坊やみたいになってたことがあった。それを見て、オレはヤツに近づいて行って、『おっ、いい男になったなあ、おまえ』と、さんざんからかったことがあったんだよ。いや、怒らないよ。照れ笑いを浮かべてたな。

日学同《うち》のほうも、当初は自民党グループを追放したことから内ゲバみたいになって、向こうのヤクザとつながってるような連中が、ドスを持って『齋藤、出せ！』って、早大に乗り込んできたことがあったんだ。それをたまたまフランケンが見てたらしくて、あとでオレに、『おまえんとこの内ゲバも凄いな』って、目を丸くして言ったのを覚えてるよ」

と齋藤が話すとき、フランケンへの親しみがこもっていたものだ。

そのフランケン高島が謎の自死を遂げたのは、早大正門で瞑目合掌する姿を三浦が目にしたときから五年後のことだった。

その死に、三浦が抱いたのは、戦士の死――というイメージであった。それほど三島・森田の遺影に祈る高島の姿は、三浦に鮮烈な印象を残したのだった。

三島由紀夫、森田必勝の自決から二週間後、東京・池袋の豊島公会堂において、「三島由紀夫氏追悼の夕べ」が開催され、会場の内外に一万人の参列者を集めた。

　宮崎正弘がこの追悼会を企画・立案したのは事件直後のことで、ただちに日学同創設者の矢野潤に連絡をとるや、会場予約から発起人交渉、ポスター発注、マスコミ対策まで、電光石火の如く動いた。

　発起人には林房雄、川内康範、藤島泰輔、黛敏郎、保田與重郎、山岡荘八ら文化人・学者四十数人が名を連ね、裏方を一手に担当した日学同はわずかな準備期間に各人が奔走、三浦もまた同志たちとともに「追悼の夕べ」のポスターを各大学周辺や街の電柱や塀に貼りまくった。

　この「追悼の夕べ」が「憂国忌」の原型となり、翌四十六年二月、「三島氏の思想と行動を通して日本を考えよう」との趣旨で「三島由紀夫研究会」が発足した。

　三浦はこのときから自決を遂げる三十五年間にわたって、裏方に徹し双方の運営に携わり尽力することになるのだった。

　昭和四十六年四月、茨城・水戸の高校を卒業後、一浪の末に、早大政経学部へ入学した宮部大が、

「早大へ行ったら国防部に入ろう」

　と決めていたのは、浪人中に起きた三島事件の影響が大きかった。

　それまで自分のなかにぼんやりとあった「左翼への反発」が、三島によってはっきりと形を与えられたような気がしたからだった。事件の一連の報道で、三島とともに自決した森田必勝が早大国防部の出身ということを知り、

「それならオレも早大国防部へ」

　と決意したのだ。

　そのためにも早大に受からなければ、と一層早大合格を目指して受験勉強に身を入れて励むことにもなったのである。

　念願叶って早大に受かった宮部が、早大キャ

ンパスで、

《三島由紀夫　森田必勝両烈士の憂国精神を受け継ぎ　民族派運動に結集せよ！》

という「早大国防部」の新入生勧誘の立て看板と遭遇するのも、練馬の下宿から大学へ通学しだしてすぐのことだった。

その立て看に連絡先として書いてあった電話番号にさっそく電話すると、先方は面談場所に大隈通りの喫茶店「ニューエコー」を指定してきた。

宮部が約束した時間に「ニューエコー」へ赴くと、やって来たのが三浦と三谷哲央であった。

三浦の風体は小汚ない当節風の左翼学生そのもので、宮部の第一印象はあまり好ましいものではなかった。だが、互いに自己紹介をし、話をするうちに、同じ早大政経学部の先輩と知り、また話す言葉にも自分と同じ東京以北のイントネーションが感じられ、親しみを覚えた。

三浦は決して雄弁ではなく訥弁であったが、何より内なる情熱が感じられた。

宮部が初めて知ったのは、早大国防部が日学同という全国的な民族派学生組織に所属し、そもそも日学同の出発点となったのも、早大紛争で生まれた早学連（早稲田大学学生連盟）であるということだった。早大国防部の初代部長も、日学同初代委員長の齋藤英俊がつとめたという。

三浦はそうしたことを宮部に縷々説明し、日学同の歴史からスローガン、運動方針、今後の展望、また、その支部として早大国防部のなすべきことは何か、運動をどう進めていくか——など、熱を込めて語った。

「一緒にやっていきませんか」

三浦の勧誘に、もともと早大国防部に入るつもりであった宮部に、否やはなかった。

こうして早大国防部の一員になったのだが、最後までこの年の新入生は宮部のほかに定着しなかった。

三浦は日学同のなかでも屈指の理論家として知られていたが、ガチガチの活動家のタイプというより、稚気愛すべしという面も多々あった。

宮部が驚いたのは、その年の六月十二日、京都で日学同系全日本学生国防会議の集会が開催され、東京のメンバーはその前夜、高速バスで京都へ赴くことになったときのことだ。

集合場所のワセダハウスで宮部が目にしたのは、腹に白いサラシをグルグル巻いて、そこにドスと思しき代物を収めている三浦の姿であった。三浦はあくまでも真顔である。模造刀なのは明らかだったが、宮部は、

〈何だ、この人は⁉　東映ヤクザ映画の観すぎじゃないか……〉

と呆れるしかなかった。

たしかに三浦は東映ヤクザ映画が好きで、高倉健の『網走番外地』や『昭和残侠伝』シリーズをよく観ていた。

三浦のお気に入りは『網走番外地　望郷篇』で杉浦直樹が演じた、一宿一飯の恩義のため最後まで悪親分に義理立てし、ラストで高倉健と決闘し、「七つの子」の口笛を吹きながら死んでいく流れ者だった。後年になると、それが『仁義なき戦い　広島死闘篇』の北大路欣也が扮する自爆する殺人鬼ヤクザに変わり、さらには『仁義の墓場』で渡哲也が演じた破滅型のアンチヒーロー石川力夫になった。つまりは、破滅に向かって一直線に突進する人間を、三浦はこよなく愛した。

宮部も東映ヤクザ映画が好きだったから、何度か三浦と一緒に「早稲田松竹」へ観に行ったことがあった。

「宮部よ、唐獅子牡丹は三番の歌詞が一番いいよな」

と言っては、

〈やがて夜明けの　来るそれまでは
　意地でささえる　夢ひとつ
　背中で呼んでる　唐獅子牡丹

　とのフレーズを口ずさむ男が、三浦であった。

　それでいて、あるとき宮部が、どこかの街頭で受けとってきた中核派のビラを手に、

「三浦さん、見てくださいよ、これ。このスローガン、いいですね。《全アジアの人民と連帯して日帝のアジア侵略を内乱へ！》って、なんかこう、気持ちがかきたてられるようなフレーズじゃないですか」

　と言うと、三浦はいとも冷ややかに、

「おまえね、われわれの運動はそういう感性に頼るような運動じゃダメなんだよ」

　と突き放した。

　これには宮部も、

〈ん？……〉と思いながらも、

「ああ、そうですか」

　と応じるしかなかった。

　早大において五年前に引き続き、学費値上げ反対紛争が起こるのは同年十二月のことで、早大国防部もこの問題に正面から取り組んで、「早稲田大学の危機を打開する全学統一連絡会議」（早大統一連）を結成した。

　早大統一連の主張は、学費値上げに反対するが、ストライキをセクト拡大の私物化に利用している革マル派、民青等の政治主義にも反対する――という正論に加え、学費値上げから大学問題の根源を抉りだしてみせ、「占領教育体系粉砕」「戦後占領憲法粉砕」へと民族派運動としての道筋をつけていた。

　翌四十七年一月十八日には、早大正門前で「真の学費値上げ反対運動に起て！」という大きな立て看板を出し、早大統一連の結成集会が行なわれ、約五十人が参加した。三浦、宮部をはじめ十人の早大国防部員を中心に、他大学の

日学同メンバーが動員されたものだった。

結成式に引き続き、同統一連は早大構内をデモ行進し、三浦はハンドマイクを手に、革マル派や民青主導による学費値上げ反対運動の欺瞞性を訴え、そのセクト主義的反対運動に疑問を持つ一般学生に対し、統一連への参加を力強く呼びかけた。このデモ行進のとき、先頭に立ち「早大統一連」の大きな旗を持ったのが、宮部であった。

純然たる学内闘争として取り組んだ、この早大統一連の運動で、宮部が政治リーダーとしての三浦につくづく感服したことがあった。

大隈講堂において、大学当局と学生側との大衆団交が行なわれたときのことだった。凋落したとはいえ、まだ学生運動の熱気冷めやらぬ時代であったから、会場は活動家や一般学生で溢れ、団交が始まるや否や騒然となった。

革マル派の連中が激しく大学当局を責めたて、それに和すがなり声や野次もあがって、会場の喧騒は手がつけられない有様だった。

三浦、宮部をはじめ早大統一連のメンバーは六人ほどで、二階の一角に陣どっていた。

三浦たちが見守るなか、団交は「うわあっ！」というような轟音が絶えず鳴り響くような異様な盛りあがりかただった。

だが、どんな喧騒状態にあっても、不意に静寂は訪れるものだ。あれほど騒然としていたのが、水を打ったように静まりかえる不思議な一瞬。

そのときを逃さず、

「おまえら、セクト主義じゃないか！」

と革マル派に対し、大声で野次を飛ばしたのが、三浦であった。

〈そうか、こういうタイミングで野次るんだな〉

宮部が思い出したように三浦に倣って野次り、ほかのメンバーも一斉に革マル派に野次を飛ばした。

これにはまさか自分たちを野次る者がいようとは思っていなかったのだろう、革マル派の連中は揃って、

「え？……」

と虚を突かれたような顔で、声のする二階の三浦たちのほうを振り返った。

テレビ局のカメラもまわって、三浦たちを捉えた。

と、そのときだった。

ここぞとばかり、三浦がやおら立ちあがるや、手すりに足をかけて、「早大統一連」の大きな旗を振りまわし始めたのだ。

その見事さといったらなかった。まさにその一瞬を外したら決まらないというようなタイミングだった。

宮部は唸った。

それは呆気にとられるほど鮮やかだった。そのとっさの判断力。機敏さ。一瞬のチャンスを逃さず行動に打って出る大胆さ。カッコよさ。

〈こりゃ凄いな。見事なもんだ。これぞ最高のプロパガンダだ。オレが旗を持ってたら、決して思いつきもしなかっただろうな……〉

宮部がいつまでも三浦の行為に圧倒され、その余韻に浸っていると、

「宮部、出るぞ」

三浦は何事もなかったかのようにさっさと旗をたたんで、帰り支度を始めるのだった。

年齢は三浦より二歳下でも、明治大学法学部に現役で入学した安藤浩二は三浦とは同期となり、日学同に飛び込んだのも同じ時期だった。

ふたりが初めて顔を合わせたのは、新入生の昭和四十五年六月、東京・神楽坂で行なわれた東大教授林健太郎の「ワイマール体制と戦後体制」という演題での講演会のときだった。

三浦に対する安藤の第一印象は、甚だ良くなかった。

長髪で髭を伸ばした風体はいかにも当世左翼

学生風で、話す言葉も何やら訛りがあってよく聞きとれず、

〈言語不明瞭なヤツだなあ。こんな男もいるのか〉

というのが最初の印象だった。

その後、何度か会う機会があったが、当節風左翼学生スタイルは相変わらずで、おまけにサングラスを掛け野坂昭如のできそこないのような格好をしていることもあったので、

〈なんでこんなヤツが右翼なんだろう?……〉

と、いよいよ違和感を強くした。

自衛隊幹部を父に持ち、万事真面目な安藤にすれば、風体だけで三浦を不良分子と決めつけていたのだ。

それが夏に行なわれた朝霞の陸上自衛隊第三十一普通科連隊への日学同の体験入隊に、自分同様、三浦も参加しているので、安藤は意外な感じがした。

〈えっ? こういうところへも来るヤツなのか。そんな真面目な男だったのか〉

と、初めて三浦に、風体から受ける印象とは別の面を見出したのだった。

やがて安藤は自分が勝手に思い描いていた人物像とはまるで違う三浦の本質——正統派の民族派学生運動に志を抱いた真摯な論客としての三浦を知るところとなるのだが、一方で稚気愛すべき一面も知った。

昭和四十六年秋、日学同のメンバー数人とともに、神宮外苑で行なわれた自衛隊中央観閲式を観に行ったときのことだった。三浦も一緒であった。

そのとき、自衛隊を観閲する佐藤栄作首相を遠くに見遣って、やおら、

「栄《えい》ちゃーん!」

と声を掛けたのが、三浦だった。

思わず安藤が「ん?」と怪訝そうに三浦を振り返っても、三浦はどこ吹く風で、すかさず傍らの玉川博己が、笑いながら安藤に、

「三浦は権力者が好きなんだよ」

と冗談交じりに応じたものだった。

その年の十月五日、日学同は全国代議員大会を開催し、新役員として、委員長に三谷哲央、書記長に法政大学の矢島一広を決定、安藤浩二は組織局長に抜擢された。

三浦は引き続き中央委員に選出されたが、同年暮から、学費値上げ問題に端を発する早大紛争が起きたため、早大統一連を結成、学内闘争に専念することになる。

翌昭和四十七年に入って、早大紛争の混乱は広がり、三浦は早大統一連議長として、先頭に立って民族派学生陣営からの闘争を推し進めていく。

しかし、さしたる成果を挙げられなかったという挫折感があったのか、三浦は同年春以降、日学同の集会や情宣にも顔を見せなくなり、中央の運動から次第に遠ざかっていく。

同盟員として三年目というひとつの曲がり角を迎えたこともあったのだろう、いや、それ以上に、なんとか一、二年目は乗り切ってきたのだが、新聞配達のアルバイトをしながら運動の時間をつくることに限界が出てきたのは否めなかった。夕刊配達のために午後四時から午後七時までを確実に拘束され、その時間に動けないというのは、活動家としてはかなりの痛手であった。

運動したくても大事な時間帯に動けず思い通りにならないもどかしさ。それに加えて、己の思想性をより高め、自己研鑽したいという欲求も人一倍あって、三浦はひとり部屋にこもり、寝る間も惜しんで読書に励んだ。

そんなこんなで、三浦自身のスランプも重なって、その年、昭和四十七年度は活動からしばらく足が遠のいて、日学同中央委員としての責務を充分に果たせず、ほかの真面目で献身的な活動家からは〝ダラ幹〟と見られても仕方なかった。

同年、日学同が最も力を入れて取り組んだのは、年末からの〝立川闘争〟であった。

米軍跡地への自衛隊移駐問題で秋から混乱が続いていた立川市において、民族派として看過できない事態が持ちあがっていた。

阿部革新市政のもと、立川市議会は自衛隊員及び家族の住民登録を拒否するという、人権蹂躙も甚だしい決議を敢行する構えを示したのだ。

日学同は立川市内の錦町に事務所を構え、連日のように市内各所で立川市議会に対する抗議集会や情宣・署名活動を行なった。

同年十二月二十日には、日学同委員長に就いて間もない片瀬裕以下、三多摩地区委員会を中心とする約五十人のメンバーが立川市役所前に集合、「自衛隊の住民登録支援・自衛隊移駐貫徹・阿部市長弾劾」集会を開き、片瀬が反戦運動、反基地運動の欺瞞性、地域エゴイズム、地域利益優先思想による反自衛隊闘争の誤りを糾弾し、立川市民に阿部体制打倒を強く訴えた。

集会後、デモに移り、「自衛隊員の人権を守れ」「自主防衛体制確立」などと書かれたプラカードを手にしたデモ隊は、

「阿部共産市政を粉砕するぞ!」

とのシュプレヒコールをあげ、市庁舎正面から立川駅前へ向かった。

思わぬ騒動が起きたのは、その直後だった。

デモ隊が去ったあと、阿部市長に抗議文を手交すべく市役所に残っていた片瀬ほか二名が市議会に入ろうとしたときのことだ。突如、市組合員をはじめとする左翼勢力が多数、三人に襲いかかった。彼らはそれまで集会を見守る一般市民のなかに紛れ込んでいたのだ。

不意を襲われたうえ、多勢に無勢で三人は苦戦を強いられたが、急を聞いたデモ隊も、これに参戦すべく一目散に市役所に引き返し、機動隊が出動する騒ぎとなった。

このとき片瀬は、前年の活動中に被った火傷

の傷も癒えない右足を狙われ大怪我を負ったが、のちに、

《極左過激派集団と華々しくぶつかり合って「反革命戦」で傷つくならともかく、官公組合運動に寄生する労働ブローカーに不意打ちをくらい負傷したことの無念さに唇を噛む思いだった》

と手記で述べている。

日学同が全力を投入したこの立川闘争は、多くの市民の物心両面にわたる支援もあって、一定の成果をあげる運動となった。

そもそもこの運動を企画立案し、実行に移すために奔走、尽力したのが、日学同組織局長の安藤であった。発端は創設者の矢野から、

「おまえら、運動はどうなってんだ。何もやってないじゃないか。このままでは先細りになるぞ」

と発破をかけられたことだった。とはいえ、格別にいいアイデアも浮かばない安藤に、矢野が、

「いま、立川で揉めてる自衛隊移駐問題があるじゃないか。あれ、やれないか」

と、提案したのだ。

「わかりました」安藤がさっそく立川に偵察に赴いたところ、聞きしにまさる有様であった。

基地ゲート前や立川駅北口の児童公園は〝反戦広場〟に塗り替えられ、市庁舎には「自衛隊移駐反対」の立て看板が林立し、さながら左翼勢力に席巻された大学キャンパスのようだった。

その様子を見て、

〈よし、これはひょっとしたら何かできるかもわからんな……〉

と直感した安藤は、帰ってその旨を矢野や執行部に報告、皆で協議した結果、即座に立川で自衛隊移駐貫徹支援運動を実行に移すことになったのだ。

現地に乗り込んで駐車場や空き地を調べ、レ

ンタカーを借りて旗竿や角材を運び、同盟員の動員をかけて——と、安藤は組織局長として裏方の一切を担当し仕切った。

現地に事務所を構えた立川での運動は年を越し、春になっても続けられたが、同時にこの時期、日学同ではちょっとした内紛事件が勃発している。

片瀬の次の委員長候補と目されていた執行部メンバーの問責問題が起きたのだ。浪人時代からおよそ四年にわたって一筋に運動に取り組み、書記長、副委員長を歴任してきた活動家が運動から遠のきだしたことで、それが職務放棄と見られたためだった。

彼が運動から少し離れだしたのは、一心に打ち込んできた自らの民族派学生運動に対する信念が揺らぎだし、一生懸命やることに確信が持てなくなったことによる。彼は悩み、運動への疑問や逡巡が生まれ、それまでの熱心さに欠け始めた。

一介の活動家ならそれでよかったかもしれないが、彼の場合、責任ある立場にあった。まして次のリーダーにと期待されている男だっただけに、矢野やOBたちの失望は大きかった。

一方で、彼には人望があり、人づきあいもよかったので、彼の下宿には彼を慕う日学同メンバーが夜な夜な集まり酒盛りが行なわれていた。

そこで出る彼の運動への懐疑的な言辞が、首脳部にも聞こえるところとなり、

「何だ、後輩や新人に逆オルグしてるんじゃないか」

との疑念を生む結果にもなり、問責問題が出るひとつの要因を作ったのだった。

だが、問責問題が出たとき、

「それはおかしいのではないか」

と、日学同上層部へ批判の声を挙げたのも、彼の下宿に集うメンバーだった。

そんなことが重なって、事件が起きるのは昭

和四十八年二月十六日、私学会館で行なわれた全体会議の席上であった。

　ひとりのメンバーがやおら自分の手の甲に短刀を突き刺して問責問題に対する異議を訴えたのだ。

　会議は紛糾し、会場は騒然となった。その日の出席者はおよそ四十名。片瀬が男の手から刃物を取りあげ、安藤がすぐさま救急車を呼んで彼を病院へ連れていった。男の傷が大事に至らなかったのは、不幸中の幸いであった。

　が、すでに問責問題の当人は日学同から身を引く決断をしており、全体会議の冒頭で片瀬が発表したばかりだった。

　この執行部幹部の問責問題、全体会議事件によって、当の幹部に近いメンバーが少なからず日学同から離れていった。

　それより何より、当面の最大の問題は、片瀬委員長が三月に大学を卒業する身で、次の委員長を誰にするか――ということだった。

　残された時間も少なく、早急に決めなければならないことなのに、まだ誰とも決まらず、タイムリミットは刻々と迫っていた。

「いったいどうするんだ?」

　となったとき、出てきたのが三浦重雄の名であった。

「ここはもう三浦しかいないだろう」

　矢野をはじめ、OB、上層部の一致した意見だった。

　だが、考えてみれば、その時分の三浦の立場もまた、問責問題が出て日学同を去っていった件《くだん》の幹部と同じようなものだった。

　自身のスランプと挫折感とが重なって、しばらく運動から離れている状態であったのだ。先の幹部同様、問責問題が起きてもおかしくなかったのだが、三浦の場合、執行部ではなく、中央委員に過ぎないというのが責任を免れた理由であったろう。それにもまして、三浦には不完全燃焼に終わった「早大統一連」への取り組みが、上級者たちからは一定以上の評価を得ていたこともある。『日本学生新聞』昭和四十七年二月一日号には次の記事が書かれている。

《早大統一連の新しい形式の成果を分析している日学同組織局は、こうした大学紛争への新しい介入方法によって、一般学生の民族主義化という重大なる課題が、スムースになるものとし、全国九七大学支部に紛争校への介入と勢力拡大を指示、通達した》

三浦は理論家肌に加えて、非凡な運動家としての実績を残すことで、指導者に適した資質のあることを上級者たちに印象づけていた。

「三浦を次の委員長に」

ということになり、その説得にいくことになったのが、安藤だった。いわば、猫の首に鈴を付けに行く役割である。

「えっ、オレが……」

安藤から話を聞くなり、さすがに三浦も「うーん」と唸って考え込んだ。

「もう三浦さんしかいないんですよ」

「……」

「重い荷物を押しつけることになりますが、なんとか引き受けてくださいよ。三浦さん。頼みます」

安藤は懸命に三浦を口説いた。

やがて三浦も覚悟を決めたのか、

「わかった。やらせてもらう」

眦《まなじり》を決して応えたものだ。

日学同六代目委員長が誕生した瞬間だった。

安藤は後々までこのことに責任を感じることになる。

〈果たしてあれでよかったんだろうか。あのとき、オレたちが三浦さんをかつぎだしたばかりに、結局三浦さんは生涯にわたり一貫してこの運動を続け、最後の最後にああいう自刃を遂げるところまで行き着いてしまったのではないか。もし、あのとき、オレが引っ張りこまなかったら、三浦さんには別の道もあったんじゃないか

……〉

昭和四十八年四月二十八日、三浦重雄新委員長になって初めて開催された日学同政治集会（東京・池袋、豊島公会堂「新入生歓迎集会」）において、三浦の基調報告を聞いたとき、全日本学生国防会議議長の松島一夫（国学院大学三年）は、演説の合間にときどき入る三浦の、

「なんだ、その」

という新潟訛りと思しき言葉にたまげるとともに、

〈大丈夫なんだろうか、このひとは……〉

と、その弁舌を懸念せずにはいられなかった。

もとより三浦が頭脳明晰な理論家であることはわかっていても、知り合ったときから、この先輩の言語不明瞭さにとまどうことが多かった。ボソボソと何を言っているのかよくわからないうえに、喋る内容も難解で、まるっきり新左翼——全共闘用語であった。

やたら難しいことを言っているというのはわかっても、理解することはできなかった。

そのうえ、「なんだ、その」となっては、松島にとって、三浦は、自分の考える民族派の規範から外れた別種の人間のような気がした。

松島にすれば、三浦の口にする左翼用語は、かつて自分がその門口を覗いたことのある馴染みの世界でもあったのだが。

松島が中核派の高校生組織である反戦高校生協議会（反戦高協）の一員となったのは、昭和四十三年春、高校へ入学してすぐのことだった。

通学路の千葉・成田駅に降りたとき、駅前で一枚のビラを手渡されたのがきっかけだった。

それこそ成田空港開設反対闘争——三里塚闘争を中心的に担っていた中核派のもので、松島はビラを読むなり、

「うん、まさにその通りだ。国が一方的に農民の土地を奪うなんてことが許されていいわけがない」

と、その主張に共鳴し、中核派の主催する集会へ何度か参加しているうちに、熱心な反戦高協のメンバーになっていたのだ。

田舎の真面目な少年らしいまっすぐな正義感から発したもので、マルクス、レーニンなど左翼思想とはあまり関係なかった。

むしろ、二・二六事件や東宝映画『日本のいちばん長い日』に登場する青年将校に憧れていた松島は、体制転覆、革命運動に挺身する自分たちこそ、彼らの正統的な継承者と信じて疑わなかった。

そんな松島であればこそ、結局左翼にはなれなかったのだが、同志であるはずの反戦高協にしろ、三里塚闘争に参加するメンバーに最後まで馴染めなかったのは、彼らとの肌あいの違いであった。

たしかに彼らは進んでいた。反戦高協の高校生たちは人前でも堂々と煙草を喫って不良を気どるのだが、彼らの論理は、

「オレたちはいまの世の中を認めない。ということは、いまの社会の決めごとはすべて否定してしかるべきものである」

という理屈によるものだった。

また、三里塚の団結小屋にしても、活動家のほかに、反対運動が流行りだから参加するという東京方面からのミーハーのような連中や〝進んだ〟女子も多数出入りしていて、フリーセックスまがいのことが行なわれ、モラルはかなり乱れていた。

松島にすれば、

「おいおい、それはちょっと違うだろ。たしかに今の体制は悪いよ。ひっくり返さなきゃならないもんだとはオレも思うよ。だからって、そんなインモラルなことまでまかり通るってのはおかしいだろ。オレはそういうのはダメなん

だ」

と、彼らに対する違和感がずっと取れなかった。

加えて、彼らはどれだけ本気で革命運動に取り組んでいるのか、それも松島には疑わしく感じられてならなかった。

松島が高校二年生の二学期を迎えて間もない昭和四十四年九月五日、東京・日比谷野外音楽堂において全国全共闘連合結成大会が開催され、千葉県の反戦高協メンバーもそれに参加、松島もそのなかのひとりだった。

東大の山本義隆が議長に、日大の秋田明大が副議長に選出され、百七十八大学の全共闘と革マル派を除く八党派、計二万六千人が集結したとされるこの大会には、初めて隊列を組んだ赤軍派が登場、その機関紙『赤軍』一号は、

《この強固な隊列は〔蜂起貫徹・戦争勝利〕のシュプレヒコールを全大衆に捧げながら、拍手の中を演壇まで行進したのであった。これこそ全共闘二万大衆に現代革命の新たな地平への転換を呼びかけた赤軍派の登場であり、まさに歴史の一大転換点であった》

と記したが、このとき現場で目の当たりにした松島たちの印象は、それとはだいぶ違っていた。

赤ヘル覆面姿、竹竿を手に彼ら赤軍派小部隊が登場したとき、周囲の女子学生たちから挙がったのは、

「かぁわいい」

という失笑、冷笑の類であった。

松島も同様に、噂に聞く赤軍派を初めて目にして、

〈なんだ、ありゃ……革命戦争ごっこでもやるっていうのか。あれじゃ、まるきりマンガじゃないか……〉

ちょうど小さな子どもが得意げに覆面ヒーローの格好を真似している姿を見るようで、呆れるばかりだった。そこから本気度はひとつも伝

わってこなかった。

それから二カ月後の十一月五日早朝、首相官邸襲撃計画を立てて山梨・大菩薩峠の中腹で軍事訓練中だった赤軍派兵士五十三名は、宿泊先の山荘「福ちゃん荘」において、四百人近い警官隊によって全員が凶器準備集合罪で逮捕された。

機動隊に寝込みを踏みこまれ、下着姿のまま山荘の屋根の上を逃げまわる彼らの姿を新聞で見た松島は、日比谷野音での自分の印象のたしかさを思い知ることになる。

その十日後の十一月十六日、新左翼党派は佐藤訪米阻止闘争と銘打って、羽田空港への進撃を目指し蒲田駅前に集結、大騒乱を引き起こした。

この日、松島の所属する反戦高協は神奈川・下丸子でデモを行なう予定で、集合場所を東京・飯田橋の法政大学に決めていた。

だが、松島は前日、姉の花嫁姿を一目見んと戦線離脱し、成田山新勝寺へ赴いているうちに同志との連絡が途絶え、その集合に遅れてしまった。部隊はすでに出発したあとで、彼らの行き先もわからなかった。

それでも蒲田まで行けばなんとかなるだろうと、松島が当地へ駆けつけ同駅を降りたったところ、そこは各派の夥しい人の群れで溢れていた。

ようよう中核派の部隊を探しあてて、リーダーと思しき学生に訊ねると、

「ああ、反戦高協なら下丸子だよ」

との答えが返ってきた。

松島にすれば、いまさら下丸子と言われても、場所も行きかたもわからぬところへ行きたくなかったし、それより何より、いま目の前で繰り広げられているお祭り騒ぎのような大きなデモに、血の滾《たぎ》りを覚えずにはいられなかった。

それでなくても数日前、高校の化学実験室から火炎瓶の材料の試験管数十本と、杜撰な管理

下にあった劇薬の塩素酸カリウムとを拝借して家出までしてきた覚悟の身の上だった。

その大荷物を担いで検見川のアジトから飛び乗った電車で、

「あれ？　松島、おまえ……」

正面から声をかけられ、松島は唖然とし、バツの悪さにたじろいだ。なんと修学旅行へ向かう同級生たちの電車に乗り合わせてしまったのだ。

そんな松島であれば、大闘争を目の当たりにして、ほかへ行けるはずもなく、

「ぜひここで参加させてください」

と志願し、中核派の学生部隊の隊列に加えてもらったのだった。

彼らは松島を高校生と知るや、ヘルメットを被せてくれ、その身を庇《かば》って皆で取り囲むように隊列の中央に配してくれた。

だが、「大闘争」というのはあくまで彼らの主観で、「佐藤訪米阻止、羽田を火の海に」と呼号した中核派も、機動隊の圧倒的な力の前に、二、三時間持ち堪《こた》えるのがやっとだった。あえなく玉砕して数多くの逮捕者を出し、闘いは終わった。松島も逮捕され、送られた先が警視庁野方警察署であった。

少年房には先客がひとりいて、Kという大菩薩峠で逮捕された赤軍派の少年兵士で、松島より一歳年下の高校一年生だった。

どれほど凄い革命闘士かと思いきや、可愛い顔をした礼儀正しい普通の少年、大菩薩峠の軍事訓練に参加した動機も、

「何だかよくはわからないけど、一番面白そうだから行ってみた」

という愛すべき闘士で、松島が日比谷野音で垣間見た連中と似たようなものだった。

結局、松島は二十二日間の拘留で釈放され、高校も退学にならずに済んだのだが、学校に戻っても再び反戦高協で活動する意欲は失せていた。

反戦高協の千葉県委員会の委員長から、

「オレはもう卒業するから、松島、おまえ、委員長やってくれないか」

と請われても、やる気が沸かず、

「だいたい一兵卒のオレが二十二日間拘留され、あわや練馬鑑別所《ネリカン》かというとき、なんで委員長が三日で出てこれるんですか」

と反発し、理不尽なところに目がいくばかりで、反抗心しかなかった。もう左翼のほうに見切りをつけていたのだった。

新左翼に失望し虚脱状態に陥っていた松島に、衝撃的な事件が勃発するのは翌四十五年十一月二十五日、高校三年の秋のことだった。世にいう「三島事件」である。

「こっちの道があったんだ」

松島が民族派に開眼する第一歩となった。

それでも松島のなかでは、右翼イコール体制イコール自民党という図式がガチガチに固まっていたから、昭和四十六年、国学院大学へ入学した春、同大キャンパスで「国防問題研究会」の新入生勧誘の出店を見つけたときも、

「自民党との関係はどうなってるんですか」

と、真っ先に訊ねたものだった。

松島のなかではすでに多少の予備知識があって、

〈たしかこれは三島とともに自決した国防会議の森田必勝さんと関係するところだったよな〉

と思いながら、右翼に対する先入観と見るからに怖そうな出店の先輩の風貌もあって、おずおずと訊ねたのだ。

すると、その先輩からは、あくまでもやさしく、

「うちは自民党とは関係ありません。むしろ自分たちが打倒の対象とする戦後体制——ヤルタ・ポツダム体制の一環として自民党を捉えています」

との答えが返ってきた。

これには松島も、ストーンと腑に落ちて、

「入れてもらいたいんですが」

と申し出ていた。

その先輩が国学院大学二年生の朝比奈眞一で、前年の昭和四十五年五月、宮崎正弘のテコ入れで宮崎の高校の同級生である国学院大学二年生の金田淳が代表となり、同大「国防問題研究会」は発足したものだった。

前年四月、三年浪人後国学院大学へ入学したばかりの朝比奈は、「国防問題研究会」発足のポスターを見てすぐに入会を希望したのだが、驚いたのは大学の四〇七番教室で発会式を行なうと知り、

〈えっ、あんな大きなところでやるのか。随分入る学生が多いんだな〉

と思ったからだった。

ところが、四〇七番教室へ行ってみると、マンモス教室には小柄な学生と思しき男がひとり、前のほうに座っているだけで、ほかには誰もいなかった。

朝比奈は会場を間違えたかと思い、キョロキョロしていると、その男が、

「ここだよ」

と声をかけてきた。彼が代表の金田で、そこが「国防問題研究会」発会式の会場に間違いなかった。

そのうちに宮崎がやってきて会の趣旨を説明しだし、入会希望の学生もひとり訪ねてきた。学生は野里裕克といい、神道学科の新入生であった。

かくて日学同国学院大学支部である同大国防問題研究会は発足し、そのメンバーは金田、朝比奈、野里の三人となった。

朝比奈たちにとって幸運だったのは、入会後間もなくして、金田によってワセダハウスへ連れていかれ、高柳光明を紹介されたことだった。

高柳は前年六月、森田必勝のあとを引き継いで全日本学生国防会議議長に就任した武蔵大生

で、日学同にあって国防・軍事問題や旧軍の知識に長け、腕に覚えのある武闘派の最たる学生であった。自ら率いる全日本学生国防会議を、「日学同の戦闘部隊」と位置づけて論理も明快であり、さっぱりした男らしい気性で、同盟員の信頼も厚かった。

この高柳主導による勉強会を毎週続けているうちに、朝比奈たちは高柳にすっかり傾倒し、おのずと国学院大グループは高柳の影響下にあって、全日本学生国防会議系列という色合いを強めていった。それでなくても、朝比奈や野里はもともとが理論より行動という武闘派タイプであった。

翌年入会してきた松島とて同様であった。

国大キャンパスで国防研へ入会を申し込んだその日のうちに高柳と会った松島は、高柳の話を聞くうちに、

〈そうだ、男はこうでなければ！〉

と熱い感動さえ覚えていた。民族派学生の目指すところとその気構えを語る高柳の弁舌は明快で、極めてわかりやすかった。

松島にとって高柳は、自分が抱いていた「かくあるべき民族派」の理想像であった。その人柄にも魅了されて、先輩の朝比奈、野里同様、自他ともに認める国防会議派となるのにそう時間はかからなかった。

そんな松島にすれば、日学同のほかのメンバーは小難しい理屈を並べる者が多く、なかでも先輩の早大の三浦重雄は異質の存在で、その話す内容はとりわけ難解で理解できなかった。しかも、三浦が操る語彙は、かつて松島がその世界の入り口を覗いたことのある左翼の用語であった。

国防会議派とは対極にあり、とても肌が合うはずもなく普通なら互いに敬遠して終わりだが、それでいてインテリの気どりやとっつきにくさがなく、ヤクザ映画を愛し、模造のドスを手に悦に入っているようなところのある三浦に

は、親しみが持てた。高柳も理論家の三浦の人物を高く買っていたことで、国防会議派と三浦との間に溝はなかった。

松島は森田必勝―高柳―片瀬裕と引き継がれた全日本学生国防会議議長の役職を一年間つとめたが、その間の会員集めにあたって、登録書には自らが起草した次の誓約を刷り込ませた。

《倩々我邦刻下ノ情勢ヲ鑒ミルニ、大和民族興隆ノ礎タル精神的基盤ハ恬トシテ之ヲ顧ミズ、唯徒ニ政権、物資ノ私慾ニノミ没頭シ、上ハ聖明ヲ蔽ヒ、下ハ国民ヲ欺キ、滔々タル政局ノ腐敗ハ今ヤ其ノ極点ニ達セリ。

斯カル現状ヲ放置セバ、炳乎タル日本精神ト金甌無欠ノ国体ハ悪思想ノ怒涛ニ掀飜セラルハ明白デアリ、吾人ヲシテ痛嘆憂慮措く能ハザラシムルモノアリ。斯カル秋、吾人ハ日本精神恢弘ヲ期スル為、貴会議ニ入会シ下記要務ヲ完遂スルコトヲ誓ヒマス。》

当時の国防会議メンバーの気負いや発散するエネルギーを包み込んだ一文である。

松島の後を受けて昭和四十八年春、三浦の日学同委員長就任とほぼ時を同じくして同会議議長となったのが、松島と同期の中央大生中西哲であった。

同年四月、三浦重雄委員長のもと、新書記長に就任したのは東大三年の田中知夫で、三浦―田中体制は正式にスタートした。

それは日学同八年の歴史のなかでも異色の強烈な個性派理論家コンビの誕生であった。

彼らが打ち出したスローガンは、

《世界皇化の旗たかく
ともに闘はん！
防共・反大国主義たる
「新民族主義」鉄の戦列へ結集せよ！》

というものだったが、では、「世界皇化」とは何か？

田中知夫書記長は、「天皇奉頌政治同盟への飛躍」と題する政治論文でこう述べている（一〜二十三項の一部を抜粋）。

《五、われわれが「世界皇化」と言うとき、それは理不尽な地上強権に対する反撃の表白であり、現段階的には必然的に徹底的な「防共」としてまた「反大国主義」として現われざるを得ない性質のものである。

八、「天皇」は「人民」から遊離して別個に生まれたものではなく「人民」が絶えず要求し人類初発よりともに存在したものであると言わねばならない。その理由は、受容するにせよ反撥するにせよ完全な主体相互の関連は、人間が環境を作り環境が人間を作るものであるとするならば必らず、何らかの共通場を要することであるとも言える。

そしてその、歴史的人倫社会に於る所謂「矛盾的自己同一」の「立場」として皇室がつねに位置していたということ、国史の一貫ということはそれ以外の何物でもない。

九、従ってわれわれは国史の一貫をその有が儘の姿で敬重し、そして大東亜戦争を評価するに全称否定も全称肯定も独断することを避け、既往に於る皇国二千六百年史を一貫して流れる底流の現代的発現に沿って、此を力行してゆかねばならない。

一〇、すなわち「世界皇化」は人間が夫々、真に自由なまた十全な発展を遂げるときに初めて成立するものであり、翻えって言えば、歴史的には常に可能態としてしか存在して来なかった真の人間存在の様態が生成・流転するものとしてその本来性を発現しつゝあるときにそれを「世界皇化」の遺憾ない実現と呼ばざるを得ないのである。》

「いったいなんのこっちゃ？」

この三浦―田中路線に真っ先に反発し、拒否反応を示したのは、伝統派右翼・壮士風気質の強い日学同関西総支部であった。

「東京は小難しいこと言うたり、なんやらわけのわからん論文ばっかり書いとってからに、そうやなくても日学同は理屈ばかりで右翼の民青やないかと言われだしとるのに、三浦執行部はさらにその路線を推し進めようしとるやないか。とてもやないがわれわれはついていけん」

との声が澎湃とあがりだしたのだ。とくに京都支部が強硬で、関西総支部長の大阪工業大生の林政安が吊しあげられているような状況であった。

三浦―田中路線に馴染めぬものを持っていたのは、

「いざとなったら体を賭けるということだけが最後の自分たちの拠りどころ」

と自認し、関西勢と通じる体質を持つ東京の国防会議派とて同様だった。

が、国防会議派の場合、同じ東京で近くにいて、難しい理論をきっちり考えて中央執行委員長の基調報告として出せる三浦の頭の良さや人柄もわかっていたし、その努力する姿も見えていた分、まだ理解も可能であった。

ところが、関西勢にはそれがまるで見えなかったから、三浦―田中体制は自分たちとはまるで別の言葉を使ってわけのわからん路線を突っ走っているとしか思えなかった。そんな路線はご免や、オレたちはもう日学同を出たほうがええんやないか――と、そっぽを向くことにもなったのだった。

そんな折、全日本学生国防会議議長の中西哲が、高柳から、

「中西、すぐ関西に飛んでくれ。向こうがいま大変なことになっているから」

と命じられ、急遽大阪へ行って事態を収拾することになったのだ。

「どうなってるんですか？」

「こっちの路線についていけん、と関西総支部長の林が、関西の連中から総スカンを食って

る」

「そりゃ高柳さん、無理もないですよ。自分らも関西と一緒です。あんな論文何が何やらさっぱりわかりません」

「三浦、田中が頑張ってるんだ。理論派の彼らを、戦闘部隊のオレたちが支えなきゃどうにもならんだろ。関西にしたって日学同の大きな戦力だ。出られちゃ困る。なんとか連中を説得してくれないか」

「わかりました。肚を括って当たってきます」

「中西、おまえが出張っても収まりがつかず、ゴチャゴチャ言うようだったら、連中を全部切ってしまえ」

高柳も強硬であった。もし、そんなことになったら、中西もタダで済むはずもなく、まさに命懸けの任務となった。

中西は夜、東京駅を発つ高速バスに乗って大阪へと向かった。翌早朝、梅田駅に着いた中西を出迎えたのは、関西総支部長の林であった。

バスを降りる中西を迎えた林の第一声は、

「哲《てつ》ちゃん、ドスは持ってきたか」

というものだった。

冗談と思って林の顔を見ると、その面差しはあくまで真剣であったから、中西は驚いた。事態は想像以上に深刻であることが窺えた。

「いや、ドスは持ってきてないぞ」

「じゃあ、庖丁買《こ》うてくか」

「おいおい、こっちはそこまでヤバいのか」

「ああ、ヤバい。とくに京都の連中は東京と一戦交えるも辞さんという構えや。やったろうやないかいう者《もん》ばっかりや」

「そら、穏やかでないな。まあ、オレも肚括って来とるわい」

高知出身のいごっそう、かつてはボクシングに打ち込み、いまは中央大学の少林寺拳法部に身を置く武闘派・中西の顔が改めて引き締まった。

中西は林に案内されて京都・壬生にあった日

学同京都支部事務所へ赴いた。

中西は京都支部のメンバーと会う前に作戦を立てていて、林に、

「皆をいっぺんに集めて話をすると、大衆団交やないけど、ワーワーなって収拾がつかん。林、各大学の責任者をひとりずつ呼んでくれんか」

と言い、壬生の京都支部近くの喫茶店にひとり陣取った。その喫茶店へひとりずつきてもらい、膝を詰めて話をし、説得することにしたのだ。

日学同京都支部長である立命館大学の芦田から始まって、佛教大学、大谷大学、花園大学、京都産業大学などの〝うるさ型〟と順に面会した中西は、性根を入れて彼らを説き伏せた。

話の眼目は、

「日学同は三浦委員長―田中書記長の路線でやっていくのだ」

との一点を納得してもらうことにあった。中西の気迫が勝ったのか、結局誰とも揉めることなく、中西は皆の承諾を得ることができたのだった。

あとでその報告を受けても、林は最初、

「嘘やろ」

と半信半疑の体《てい》であったが、やがて紛れもなく事実とわかると、

「よかった、よかった」

と誰よりもホッとした顔になったものだ。

内にそうした不協和音を抱えながら、日学同三浦体制にはあれこれ試練が待ち受けており、三浦は委員長として任期中何かと苦心を強いられた。

七〇年安保を前に、左翼学生運動の衰退に伴い、民族派学生運動も退潮の極みにあったとき、突如勃発したのが〝三島事件〟で、あたかも三島は瀕死寸前の民族派学生陣営の救世主となった感があった。

昭和四十六年、四十七年、三島事件に感化さ

れた新入生が日学同にドッと入り、四十八年にもまだその余燼が残っていた。

　そんななか、六代目委員長に就いたのが三浦重雄であったが、いかんせん時代はもはや政治的季節の終焉を迎えていた。

　三浦が委員長になって間もない昭和四十八年六月の京都政治集会では三百人を動員できる力があった日学同の運動も、翌四十九年になると、新入生もさっぱり入らず、動員力も激減し、まるで盛りあがらなくなっていた。

　全共闘や全学連の運動と軌を一にするように、民族派学生戦線もまた凋落の一途をたどっていたのだ。政治的高揚期に委員長をつとめた五人の前任者と違って、そんな非政治的季節に委員長を引き受けた三浦こそ不運であった。

　そもそも左翼学生運動が衰退したのは、昭和四十七年二月の連合赤軍事件、同年十一月の革マル派による早大生川口大三郎君リンチ殺害事件、それを機に累々と屍を積み重ねていく中核派対革マル派の内ゲバ戦争によるところが大きかった。精神的荒廃極まりない、あまりに凄惨な殺し合いに、一般学生がつくづく嫌気がさしてしまったのだ。

　その内ゲバによって、ときには大学キャンパスが血の海と化すこともあり、党派の連中はいつゲバルト部隊のテロに遭うかわからぬ時代になっていた。

　三浦重雄が短い鉄パイプを持って、同じ早稲田のすぐ近くに住む実弟の芳男の下宿を訪ねたのは、そんな時分であった。

　兄より一年後れて昭和四十六年四月、一浪して早大文学部に入学した芳男は、このとき早大三年生、共産主義者同盟《ブント》情況派の周辺でバリバリに活動していた。

「あれっ、兄貴、どうしたの、その鉄パイプ？」

　ブント活動家の弟は、日学同委員長の兄が持参した奇妙なものに、怪訝な面持になった。

「おまえも危ないだろ。これ、置いとくからな」

兄の言葉に、芳男は一瞬唖然とし、次いで、〈へえ～、オレの身を心配してくれるのか……〉護身用に持ち込んでくれたものと知って、笑みがこぼれた。

「けど、いったいこんなもん、どこから仕入れてきたんだい？」

「近くの工事現場で、夜中に拾ってきたよ」

「そうなの。兄貴のほうで使わなくていいのかい」

「オレはいいよ。おまえのほうが切実だろ」

「じゃあ、もらっとくか。ありがとう」

実際、芳男の身辺はいつ内ゲバがあってもおかしくない、危ない状況にはなっていた。

芳男がブント情況派として本格的に運動に打ち込むようになったのは、連合赤軍事件、早大生川口君リンチ殺害事件を経た昭和四十八年秋以降のことだった。

その二つの事件を契機に全学連、全共闘主導の新左翼学生運動というものに対し、学生たちがとことん絶望し、一斉に退きだした後の、最も退潮期にあえて運動に飛び込んだ芳男も、兄の重雄同様、やはりどこか変わっていた。

たしかに学生運動は連合赤軍事件という最悪なところまで行くべくして行ってしまったけれど、かつては理想を持って意義のあるすばらしいことをやったんじゃないか——という、いわば全共闘後追い浪曼のようなものを求めて、芳男は新左翼の後退戦を闘い抜こうとしていたのだった。

二つ違いの兄弟は、右と左に分かれても衝突し仲違いするようなことは一切なかった。子どものころからよく一緒にジャレあうようにして遊んだ仲の良い兄弟であった。

昭和四十四年十一月八日、新潟高校三年のとき、芳男は中核派系反戦高協の一員として佐藤訪米阻止闘争を展開、高校のバリケード封鎖に参加、新潟県警機動隊が出動する騒動となった。

このとき一機動隊員として出動したのが三浦兄弟の長兄敏雄で、彼は末弟がバリケードの中にいるのを知って絶句したという。

新潟高校を卒業後、芳男は上京して重雄と同じ新宿・若松町の新聞販売店に住み込んで、新聞配達をしながら受験勉強に励んだ。

その間、兄に誘われて日学同の集会や憂国忌に顔を出したこともあったが、結局、早大入学後しばらくして、兄とは対極の新左翼のほうを選択したのだった。

芳男が兄の重雄に対し、

〈これでなんで右翼なんだろう?〉

と不思議でならなかったのは、マルクス、エンゲルス、レーニンなどの基本文献を読みこなし、吉本隆明を愛読するなど、読書傾向は自分とほとんど重なるのに、右と左に分かれたことだった。

ふたりは互いに深く立ち入らず、互いを認め尊重しあう関係であった。互いの置かれた立場もよくわかっているがゆえに、

「おまえ、身辺に気をつけろよ」

との意を込めて、重雄はどこからか鉄パイプを都合し、芳男のもとに届けたのだった。そこには兄弟ならではの愛情がこもっていた。

芳男にしてもこれにはつい、

〈何だ、兄貴のヤツ、オレのことどころじゃないだろ。ジリ貧の日学同の委員長として、自分のほうこそ大変なのに……〉

と微苦笑がこぼれるとともに、兄に対して敬意を表する気持ちがあったのだ。

それは右と左に分かれながらも、同じように退却戦の殿軍《しんがり》をつとめる同士に対する共感のようなものだったかもしれない。

三浦も民族派学生陣営にあって、後退戦の闘いを余儀なくされていた。日学同は打倒すべき敵を見失い、政治的課題を喪失し、三島事件の衝撃も徐々に遠のいて人も集まらず、運動は一挙に後退していった。

昭和四十九年秋、高橋秀明（明治大）に新執行部が託され、三浦は委員長退任後も中執にとどまり政治局長として運動の指導にあたる立場にあった。そうしたなか、日学同の創設に指導者としてかかわり、スポンサーとして組織の経済的基盤を支えてきた矢野潤が経営するコンピュータ会社が事業不振に陥り、翌五十年の暮、倒産の憂き目に遭う。

当然ともいうべきか、ダメージは日学同にも及んだ。機関紙『日本学生新聞』の毎月の定期発行は紙面数を減少してもおぼつかなくなり、昭和五十一年八月一日号を最後に復刊の見通しはまったく立たなくなっていた。

この当時、日学同の東京の拠点としては、飯田橋の本部事務所と、国防会議派が警備会社のアルバイトによって〝自力更生〟で維持する中目黒のアジトの二カ所があった。その家賃十万円の本部事務所を維持するのにも困難をきたしはじめ、好立地の飯田橋からの撤退を迫られた。おまけに印刷代の未払金三十数万円が残る始末である。

三浦はこのとき早大に在籍して六年目であったが、単位をほとんど取得していなかったので進級もままならない。かといって、学業に復帰したり、職に就く気はなく、日学同運動を半端なままで放り投げる気持ちもなかった。

そのころ同盟員として本部に残った学生は、三浦を含めて七人となり、年少の後輩ばかりだった。もうかつての同志たちはみな大学を卒業して運動から足を抜き、社会人になっている。

昭和五十二年三月、飯田橋の本部事務所をたたみ、豊島区高田のワンルームマンションに移転する日がきた。このときの三浦を襲ったのはたまらない寂寥感であった。

〈このままで終わってたまるか！〉

運動がジリ貧になっていくなかで、三浦がひたすら考え続けていたのは、日学同の再建策であった。

第三章　重遠社篇

——任重ク道遠シ、我が往く道は修羅なり

〈学生運動というテーゼでやっているからおかしいんだ。学生運動だけでなく、学生運動の次は青年運動をやる、という展開をしていかなければならないんじゃないか。そのためには青年を入れていく器が必要だ〉

そのとき、三浦のなかに生まれてきたのは、日学同の再建というより、新青年組織の創建ということにほかならなかった。それも日学同のOB会というような位置づけではなく、あくまで日学同の上部団体であり、政治結社としての青年組織であった。

昭和五十一年から五十二年にかけての冬のあいだ、日中に三浦が思索するのはもっぱら北区滝野川の喫茶店「N」のカウンターのなかであった。

愛想に乏しいアルバイト店員だが、三浦は手際良くひととおりの仕事をこなした。注文に応じてコーヒーを淹れ、慣れた手つきでサンドイッチをつくり、客のテーブルに運ぶとカウンターのなかに戻って腰をおろし、すぐに一服つける。愛煙家の三浦が物思いにふけるときのクセで、ななめ上を少し仰ぐように首を傾《かし》げながら、深く吸い込んだ煙を遠くの天井へと吹き出した。さほど立て込むことのない「N」は、暖房のきいた思案をめぐらすに格好の場所となった。

夕方になると「N」の仕事を店主に引き継いだが、近くの下宿に帰ってからのちもこの思索は三浦を急きたてた。

「政治結社としての青年組織……」

三浦はこの新機軸を打ち出すうえで、ある戒めを破ろうとしていた。十年を閲する日学同の歴史のなかでも、青年組織への取り組みは行なわれている。中央執行委員会のなかに「全青同担当」や「青年対策担当」といった職掌がもうけられ、これらの担当には指導力のある古参があたってきたことがある。この部局はOB組織を統括し、あくまでも学生戦線を物心両面で支えていくことを目的としていて、運動体としての位置づけはなされてこなかった。

これには、日学同創設者で学生たちと苦楽をともにしてきた矢野潤の意向が大きくかかわっている。矢野は青年運動に理解を示さず、むしろ禁じる指導をとってきた。それは、矢野が敵対する左翼運動から「プロ」になった者たちの堕落を見てきたこともあるだろうし、当時盛んであった右翼・民族派運動の勢力図のなかに投げ出される〝学生あがり〟の苦悩や困難を見越していたからかもしれない。学生という純粋な立場が、支援者、良識派文化人たちからの共鳴と好感を得る看板であったことは間違いないのだ。

ともあれ三浦は、新民族派の活路を唯一、政治結社としての青年組織の建設にかけ、師と敬愛する矢野の訓戒を乗り越えねばならなかった。さらに、日学同十年の闘いの延長上に築く新組織が掲げる綱領問題も解決しなければならない。綱領とは組織の存在理由、存在目的、方針（政策）つまり「なぜ、何のために、何をやるのか」を簡潔に表現し、構成員結合の軸となすべきものである。苦悶する三浦を日学同専従の松田豊が励まし生活を支え続けた。

三浦には、戦後体制打倒を目指す組織建設上の路線はすでに定まっていた。組織論としては、三浦が日学同委員長時代に田中知夫書記長とのコンビのもとで打ち出した方針を踏襲して、「政治同盟としての純化」と「大衆接近」に沿った路線を「鉄の規律」をもって「党建設」へと発展させていく以外にない、と考えた。

しかしこれとて魂が吹き込まれなければ、ただの器にすぎない。政治組織として民族派戦線に躍り出て、指導的地位に立つための思想的根基をどこに求めるか。つまり、維新革命への指導原理とは何か。三浦の旺盛な読書の集積と思索のなかから、その答えは閃くように導き出された。

「我々の当為命題は『終戦のご詔勅』に明らかである」

三浦は、戦後否定された歴史のなかで等閑に付されていたといってもよい「終戦のご詔勅」に、維新革命への大号令を聞いたのである。

三浦は晩冬の下宿の一室でペンを走らせ、創建宣言を一気に書き上げた。

その宣言に曰く。

《過去十年、日本学生同盟創成以来一貫して祖国の変革を志向し、新民族主義運動の最先頭で闘い抜き国史の新たな展開を画してきた我々は、今や迷妄ますます極まり亡国的危機ますます激昂しているなか、自らの限界を突破して百尺竿頭歩一歩を更に進める重大な使命と決意に立脚して重遠社創建を宣言する》

《我々の思想的根拠は、外来移入思想の直訳でなく、全く三千年民族生活そのものの信仰と思想よりの飛躍であり一言で尽くせば「神代在今、莫謂往昔」、「天地非外、開闢在己」の絶対信念である。そして堡塁は、昭和二十年八月十五日の詔勅一文である。ここに拠って、ヤルタ・ポツダムの「理想国家」否！混濁する植民地！を完膚なきまでに破砕掃滅し尽くして、さらに新たな世界形成へ転じ一切の地上の不合理を撃滅するまで闘い抜く。

「……神州ノ不滅ヲ信シ任重クシテ道遠キヲ念ヒ総力ヲ将来ノ建設ニ傾ケ道義ヲ篤クシ志操ヲ鞏クシ誓テ国体ノ精華ヲ発揚シ……」とは、創建重遠社の必死の聖戦の絶対当為である》

三浦自らが起草した、この三千字にわたる「創建宣言」、最後に、

《国家、民族の混迷と頽廃に憤激するもの、憂国の熱誠と愛国の至情に燃えたぎるもの、そして世界一切の矛盾と不合理の根本的改変を企図志向するもの、創建重遠社に結集せよ！

そして、全国民は暫く創建重遠社の所業終り至らんところを瞠目せよ！》

と締めくくられていたが、それは三浦の内なる叫びでもあったろう。

この「創建宣言」からも明らかなように、「重遠社」とは、終戦の詔勅の「任重クシテ道遠キヲ念ヒ」を出典として命名されたものであった。

同宣言とともに掲げられた綱領と三大誓盟は、次のようなものだった。

重遠社綱領

一、敗戦国家の革命

一、民族理想の国家的確立

一、アジア種族的文化的国家連合の建設

一、世界の道義的統一

一、愛国的団体との交流連帯

一、革命党建設の理論的綱領的諸問題の整理

重遠社三大誓盟

一、我等は皇道に立脚して正義を為し、皇道の哲理を専心力行することを誓盟す

一、我等は志操を長養し不撓不屈の精神を以て維新回天の一大原動力たるべきを誓盟す

一、我等は全ゆる艱難を克服し、昭和維新の最前線に起つべきことを誓盟す

重遠社の役職は、三浦が代表、松田豊が主幹をつとめ、後藤修一、根岸潔、鈴木秀壽、五月女進といった日学同ＯＢに加え、日学同現役組も武田浩一委員長（東海大四年）以下の中執メンバーが総務会を構成する総務として名を連ねた。

この発会式が早稲田の高田牧舎において執り行なわれたのは昭和五十二年四月二十九日（天皇誕生日）のことで、三浦をはじめ、日学同ＯＢや学生およそ三十人が参加したほか、三島由紀夫研究会の篠喜八郎代表幹事、石大三郎幹事が来賓として激励の挨拶に立った。

重遠社の主幹に就任した松田豊も、感無量の思いで、この発会式に臨んだひとりだった。

「三浦さん、やっとここまでたどりつけましたね」

式が終わり、懇親会に移行したとき、松田は真っ先に三浦に近づき話しかけた。

「うん、そうだな。けど、勝負はこれからだな」

三浦は厳しい表情のままに応えた。

日学同の上部団体を結成するという、ずっと成しとげられずにいた長年の懸案事項を解決し、いまようやくそのことを実現したのだという喜びや安堵感めいたものはそこにはなかった。

「〝重遠社〟って、いい命名じゃないですか」

「まさに任重く道遠し、だよ。政治党派といっても、これだけの人数でどこまで新民族主義運動を創出していけるか……」

「だけど、三浦さん、数がいりゃいいってもんじゃない。本当に運動を続けたいというヤル気のあるメンバーが揃ったわけですから」

「うん、そりゃそうだ」

三浦自身、誰よりもこの重遠社の創建に期するところがあって、これを機に、本名の重雄を重周と改めていた。

「やりましょう、三浦さん」

松田はこのとき三浦より五歳年少の二十三歳であったが、活動歴は三浦より古かった。高校生のときから日学同の高校生組織である全国高校生協議会（全高協）で活動してきたからで、松田も三浦同様、大学中退後も就職せず、日学同の専従として学生を援護し運動を続けてきた男だった。

松田が日学同の存在を知ったのは昭和四十四年春、名古屋の東邦高校一年生のときだった。

少年時代から戦記物の読物が好きで、アンチ左翼、民族派的な考えが強かったのだが、この年一月に起きた東大安田講堂攻防戦を見て、松田の左翼への不信感はピークに達した。

「何だ、安田砦を死守するとか言っておきながら、ひとりも死ぬヤツなんかいない。最後は全員おめおめと投降しやがって……やっぱり左翼というのは口ばっかりだな」

愛知県下でも各地の高校で全共闘系活動家による卒業式封鎖騒ぎが起きていた。機動隊が導入される騒動となり、全共闘系学生が逮捕され各校から一掃されると、今度は民青がわがもの顔に生徒会を牛耳りだした。彼らを指導する高教組の偏向教育もエスカレートする一方で、松田の怒り——何とかしなければという気持ちはいよいよ抑えがたいものとなっていた。

そんなときに日学同の存在を知ったのだが、民族派学生組織がいくつかあるなかでも、日学同が既成右翼傘下でもなければ宗教団体系列でも自民党系でもない生粋の学生組織であるとともに、「日米安保条約に否定的」という主張も、松田の気に入るところとなったのだった。

そのころ日学同は、高校生の全国組織として全高協構想を具体化させており、松田のような高校生こそ求めていた人材であった。

昭和四十四年九月二十七日、全高協は東京・池袋の豊島公会堂において、全国四十五高校、四百五十人の高校生を結集して結成大会を開催、その第一歩を踏み出した。

この全高協の担当となったのが国士館大学の柴田章雄で、柴田の指導のもと、松田もまた愛知県下の東邦、東海、名古屋学院など私立高校の生徒有志とともに全高協の支部づくりに動いた。

彼らは昭和四十五年四月、「日教組の偏向教育反対・教育正常化」を掲げて愛知県高校生協議会（愛知県高協）を結成、松田が同議長に就任した。

さらに四十七年春には愛知県高協と岐阜県高協を統合した日学同東海総支部が発足し、松田が同総支部長に就き、名古屋市内に事務所を構えて強固な地盤を築いた。

松田は一浪後の昭和四十八年四月、日学同の拠点校のひとつでもあった地元の愛知学院大学に入学、すぐに学内で持ちあがったのが、同大学の移転問題を巡る民青系執行部と日学同同大支部との激しい対立であった。

日学同支部は、愛知県学連の指導を受けた民青系執行部の学友会（自治会）私物化に対して、「大学正常化、学友会奪還」をスローガンに掲げて学内の多くの有志を糾合し、「全学学生協議会」（全学協）を結成した。日学同東海総支部がこれを全面的にバックアップし、民青系執行部から不当な差別を受けてきた同大「運動部連合会」クラブの支持を得たのも大きな力となった。

全学協は五月より執行部リコール運動を全学的に開始、同月末には三千名の署名を集め民青系代議員三十名に対して全学協系百五十名の代議員を登録することに成功した。

仮議長団を選出する権利を実質的に獲得した全学協は、時期を同じくして浮上した民青系執行部の杜撰な財務管理に起因する八百万円の使途不明金問題を鋭く糾弾することで、さらに多くの代議員を結集させたのだった。

この間、五月九日、十六日、三十日と三回にわたる全学協の学内集会が行なわれ、それぞれ千名を超える学生が集う盛りあがりを見せた。

日学同もこの問題を大きな運動課題に設定し、「愛知学院大自治会奪還闘争」として位置づけて力を入れ、東京本部、関西総支部からも応援部隊を派遣した。

この春、委員長に就任したばかりの三浦重雄にすれば、リーダーとなって最初の闘いであり、俄然張りきらざるを得なかった。

組織局長の立正大三年の浅岡敬史らとともに自ら名古屋に乗り込み、長期間アジトに泊り込んで精力的な運動を展開した。連日のクラスまわり、新入生勧誘のオルグ、学内集会等で三浦はマイクを握り、声を張りあげた。

全学協議長として現地の指揮を執る松田が、初めて三浦と顔を合わせ親しくなったのもこのときからであった。

十九歳の松田にすれば、二十四歳の三浦は大先輩、年長者もいいところだった。それでも普段の会話でも演説のときも新潟訛りの抜けない三浦に、松田は親しみを覚え、年の差を超えて良き同志となった。

この愛知学院大学闘争は日学同系全学協の自治会奪還こそならなかったが、民青系執行部のリコールを成立させるに至って、一定の成果をあげる運動となったのだった。

翌四十九年十月、三浦は委員長を退き、明治大学の高橋秀明委員長体制が発足した。だが、同年夏以降、日学同の運動は一挙に盛りあがりを欠くようになり、中心メンバーの戦線離脱も相次いで、危機的状況に陥っていた。

それはことのほか深刻な事態で、日学同の東京本部が、東海総支部長の松田に対して、

「このままじゃ執行部は成り立たない。東京は保《も》たないよ」

とSOSを発信してくるほどの体たらくだった。

これには松田も執行部の一員として放っておくわけにはいかず、頭を痛めた。やがて決断し

たのは、休学中の大学を中退し、東京へ出て日学同の活動に専念しようということだった。

昭和四十九年九月、松田は上京し早稲田鶴巻町の三浦のアパートに転がり込んだ。

日学同中央執行委員長を辞し、中執の政治局長というポストに就いてからの三浦もまた、この時期、日学同の活動のほうはほとんどやる気を失くし、活動家用語で言う「日和《ひよ》っている」状態であった。日学同本部へ顔も出さず、大学へも行かず、生活のため夜警のアルバイトに勤《いそ》しむ毎日を送っていた。

松田が転がり込んだ三浦のアパートは、神田川近くの三畳一間、台所と便所は共同で風呂もなく、光が全く射さない部屋だった。

前の年、南こうせつとかぐや姫という三人組のフォークグループが歌って大ヒットしていた「神田川」の情趣と違って、若い男女の同棲ならぬ男ふたりがひとつ布団で寝る生活が始まったのだった。三浦も松田も女っ気はまるでなかった。

が、間もなくして、その年の暮、区画整理のためアパートが取り壊されることになった。そこから立ちのきを食ったふたりは、今度は新宿・弁天町の六畳一間のアパートに引っ越し、再び一緒に住んだ。

その間、三浦の日和った状態は続いていて、活動からもずっと離れていた。

「三浦さん、同盟《うち》もいま苦しい状態です。戻ってくださいよ」

組織局長をつとめる松田の説得にも、

「うん……」

三浦はあまり乗り気ではなかった。

そのうちに、よほど挫折感が高じてきたのか、

「松田、オレはしばらく東京を離れて暮らそうと思ってる」

と言いだした。

「どこへ行くんですか?」

「——仙台あたりがいいかな」

「まさか運動のほう、このまま足を洗うつもりでいるんじゃないでしょうね？」

「いや、戻ってくるよ。……ただ、少し時間が欲しいんだよ」

「わかりました。待ってますよ」

松田はそれ以上何も言わず、三浦を待つつもりだった。誰よりも三浦を信じていたからだった。

三浦が再び東京に戻り、日学同の戦列に復帰したのは、それから半年後のことだった。

……そんなことがあっただけに、この日、重遠社創建の日を迎えられたことが、松田にはなおのこと感慨深かったのだ。

〈夜の江戸川橋公園で何度も話し合いを持ち、ときには年少の身で大先輩の三浦さんを叱咤したこともあれば、ふたりで激しく言い合いになったこともあったっけなあ……〉

松田は微苦笑で振り返らざるを得なかった。

重遠社の発会式に集った同志たちに目を遣りながら、三浦もそんな松田の胸中に思いを馳せたのか、

「松田、ありがとな。オレも何度か挫折しかけたこともあったけど、そのつど、あんたには叱咤され、励まされてきたなあ。オレが持ちこたえてここまで来れたのも、あんたという存在があったからかも知れんなあ」

「何を仰いますか。三浦さんの強い意志、この運動に賭ける三浦さんの何にも代え難い情熱があったればこそですよ。私も三浦さんがいればこそ頑張れたんです」

「うん、どっちにしてもこれからだ。決死勤皇、生涯志士。昭和維新の断行。もうここまで来たら、なんとしてもやり抜くしかない。意地で支える夢ひとつ——だ」

「やりましょう」

ふたりは静かに酒を満たした盃をかち合わせ、不屈の闘いの継続を誓いあったのだった。

重遠社が創建されたこの年、創設十一年目の日学同の運動は、ドン底といってもいい時代を迎えていた。日共・民青や新左翼系学生運動の衰退に伴って、民族派の学生運動も退潮を余儀なくされ、東海大四年の武田浩一委員長のもと、日学同入りした新入生はわずかふたりという有様であった。

この年四月、国学院大学へ入学、後に三浦の最初の門下となる後藤晋一がそのうちのひとりであったが、後藤の場合、新入生といっても、国学院久我山高校時代から全高協で活動してきた男だった。

二年前の昭和五十年八月、日学同がソ連大使館近くの狸穴公園で開催した「北方領土奪還―アジア集団安保粉砕」全都学生集会へも、後藤は高校二年生の身で参加していた。

集会には三十人を超える同盟員やシンパが馳せ参じ、ソ連大使館への抗議行動の後、飯倉、神谷町、虎ノ門を経てアメリカ大使館まで抗議デモが行なわれた。デモ隊の先頭で旗竿を持たされたのが、後藤たち高校生だった。

公園を出発しようとする彼らを、待ち構えていた機動隊が過剰ともいえる規制を仕掛けてくる。後藤には初めての経験であり、壁さながらに立ちはだかる機動隊員の屈強さは想像以上だった。

そのとき行動をともにした三十人以上もの先輩たちの姿を、後藤は大学入学後、ほとんど目にすることがなかったのが不思議でならなかった。

〈そりゃ大学を卒業した人もいるだろうけど、一年や二年だった人もいたはずなんだがな……運動はもう辞めたってことなのだろうか……〉

後藤をなんとも寂しい気持ちにさせたものだった。

後藤が初めて三浦と会ったのは前年の昭和五十一年、高校三年の秋であった。

十月二十一日午後五時より東京・四谷の主婦会館で開催される予定になっていた日学同政治集会へ参加するため、後藤は開始二時間ほど前に、飯田橋の日学同本部事務所を訪ねたのだ。

事務所はみな出払ったあとで、長髪でブレザー姿の男がただひとり残っていた。男は黙々と集会で使う支部旗をたたんで紙袋に詰める作業をしている最中だった。

それが三浦であった。

まだ十八歳、高校三年生の後藤にすれば、九歳年長で二十七歳の三浦は〝おっさん〟もいいところで、

〈おっ、随分年をとった人がいるな。とても大学生には思えないけど……何者だろう、この人は?……〉

との印象しかなかった。

後藤が挨拶し、全高協のメンバーであることを告げると、三浦は、

「ああ、御苦労さん。もうみんな先に行っているから。君も会場のほうに行ってくれないか」

と返してきた。

それが三浦と後藤の出会いで、以来、三浦の自決までおよそ三十年にわたって、ふたりは師弟として濃密な時間を過ごすことになろうとは、このときはまだ知るよしもなかった。

重遠社が結成された年に大学に入学し、日学同に加盟した後藤は、三浦とは公の活動の場だけでなく、個人的にも接する機会が多くなり、よく下宿を訪ねるようになった。

三浦は、高校生のときから運動に取り組んできた後藤を、政治的意識の高い後輩と見たのか、

「おまえ、テロをやれ」

と、ほかの誰にもいわないようなことを口にして、しきりに煽った。

三浦はテロを否定していなかった。大言壮語とは無縁の三浦の口から発せられた言葉であるだけに、それは後藤の胸にズシリと重い言葉と

していつまでも残ったのは事実だった。

後藤は大学二年生に進級した昭和五十三年四月から五十六年までの三年間、日学同委員長の大役を担うことになる。

五十五年秋には、重遠社・日学同・三島由紀夫研究会にとって最も大事な行事である「三島由紀夫追悼十年祭　憂国忌」が開催された。

憂国忌を無事にやりとげることは、後藤もその一翼を担った実行委員の責務であったが、彼らにとってもうひとつの意味があったのは、憂国忌が結果的に同志獲得にもつながる重要なイベントになったことだ。過去にも社会人や学生が、憂国忌への参加を機に、重遠社や日学同、あるいは三島由紀夫研究会の戦列に加わってきたケースが少なからずあったからだ。

参加者のアンケートを参考にしたオルグ活動も、憂国忌終了後の後藤たちの肝心な任務だった。

果たして十年祭という節目の年だったこともあったが、この年の憂国忌には、のちに幹部として活躍することになる意欲的で優秀な人材の参加も多く見られた。

なかには異色の存在もあって、数日後、後藤は自ら、そんなひとりの若者に、「意見交換をしたい」との電話をかけた。

日学同本部に届いた、回答文が細かい文字で丁寧に書きこまれたアンケート用紙を見て、後藤は、

「こりゃあ、脈があるぞ！」

と快哉を叫んだ。そこには同志として迎え入れるには申し分のない文章が書き連ねてあったからだ。

憂国忌実行委員会が毎年、参加者に実施しているアンケートには、「あなたは憲法改正に賛成ですか」「三島由紀夫の自決をどう思いますか」「自衛隊の国軍化に賛成ですか」――といった設問が並べられていた。当日の式典終了後に実行委員が会場出口で回収しているものだっ

たが、その回答者のように、後日、実行委員会へ郵送してくる者となると、極めて珍しかった。

彼のアンケートには、名前が清水浩司、年齢は二十二歳、憂国忌初参加とあり、学校名は記されていなかった。

彼こそ、この二年後、統一戦線義勇軍書記長として〝右翼版連合赤軍事件〟と称されたスパイ査問粛清事件を起こして懲役十二年の刑を受け、獄中で書いた小説『天皇ごっこ』で新日本文学賞佳作を受賞、出獄後、『調律の帝国』で三島由紀夫賞候補ともなった作家の見《み》沢《さわ》知《ち》廉《れん》そのひとであった。

後藤はさっそく清水浩司と名のる、のちの見沢知廉をオルグすべく本人と連絡をとり、渋谷駅頭で待ち合わせた。目印代わりに憂国忌十年祭の赤いパンフレットを持つ後藤に、声をかけてきたロックンローラー・スタイルの白皙の美青年が見沢であった。

ふたりは渋谷駅前の喫茶店に移動し、語りあった。見沢はアンケートに記した通り、ブント時代のコードネーム・清水浩司を名のり、年齢は後藤と同じ二十二歳で通した。実際は後藤よりひとつ下の二十一歳であったのだが、新左翼特有の革命的警戒心という代物ゆえの詐称だったのだろう。後藤が見沢の本名と実年齢を知るのはずっとのちのことである。

見沢は名前と年齢のほかはあけっぴろげで、実に快活によく喋った。

「三島を追悼した保田與重郎の祭文は格調高いというか、何かこう魂を揺さぶられるような感がありました。さすが日本浪曼派の伝説の巨人には神々が宿るというか、粛々とした神々しいたたずまいが感じられ、迫力があったですね。それでなくても、あの夜は凄まじい雷鳴が轟いたり、空を走り抜けた稲妻の閃光といい、豪雨といい、いかにも三島の十年祭にふさわしい異様な雰囲気でしたね」

「自分たちはみんな、三島先生が天から降りてきたのだと言ってました。過去十年の間にもあれほど荒れた天候の憂国忌というのはなかったことです」

「まさに三島的なディオニソスの夜だったんですね」

「あの日、憂国忌終了後、参列者のなかに、会場の九段会館を後にして深夜、靖国神社の社頭で壮絶な割腹自決を遂げられたかたがいらっしゃるんです。自分たちの知るひとではなかったんですが、三島先生と同じ作法で、そりゃ見事な自決だったそうです」

「えっ、それは本当ですか。割腹自決……そりゃ凄いな。まさに三島が降りてきたんだ」

初対面でこんな会話を交わしたふたりであったが、その後、何度か会っているうちに、後藤は見沢の都電「西ヶ原四丁目」停留所近くの自宅アパートに招かれるようにもなったのだ。

そのあたりは後藤にとって馴染みの場所だった。師である三浦が、つい一年ほど前まで、同停留所近くの北区滝野川に住んでいたことがあったからだ。後藤はいろんな教えを乞いに、三浦のもとへしばしば足を運んでいた。

都電停留所の傍ら、東京外語大学へ行く道筋に一軒の古本屋があり、後藤はよくそこで人文系の書棚のなかに、三浦が売り払ったと思しき本を何冊も見つけたものだった。頁のところどころに赤鉛筆で傍線や書き込みがあり、後ろの見返しには三浦独特の跳ねあげるようなクセのある筆跡でサインが残されていた。あまたの書き込みにもかかわらず、それらの古書には相応の値がつけられていたから、三浦の生計の足しにはなったのだろうか。後藤は店主と交渉している三浦の不慣れな姿を思いうかべると、微笑ましい思いに続いて哀切さが胸に迫った。

後藤が三浦に見沢を紹介するのは、後年、見沢が懲役十二年の刑を終えて出所してからのことだが、平成十七年九月七日、見沢がマンショ

ン八階から投身自殺したとき、後藤に、

「おい、おまえの友だちが自殺したぞ」

と真っ先に知らせてくれたのも、三浦であった。

その三浦もまた、それから三カ月後の十二月十日に割腹自決を遂げたのだったが。

見沢と交流を深めていくうちに、後藤は見沢がかつてブントの戦旗派のバリバリの活動家だったことを知ることになる。

ある日、見沢がアパートで見せてくれたのは、「ニューズウィーク日本版」誌のバックナンバーで「成田闘争」の特集記事であった。

「これ見てよ」

見沢が示した見開きの頁は、半分が写真で占められており、闘争現地を旗竿をかついで行進する数人の新左翼活動家の姿が写っていた。

「これ、これ」

見沢が指差しているのは、隊列先頭の真ん中あたりで伏し目がちに行進する人物だった。

「ん？」後藤がしげしげと見ると、

「これ、オレなんだよ」

なるほど、ヘルメットと覆面代わりのタオルの間から覗かせる涼しげな目もとは、紛れもなく見沢だった。

「あっ、ホントだ。君だね」

後藤は驚いた。

昭和五十三年三月十六日に起きた成田空港管制塔占拠事件のときも、見沢は三里塚の闘争現場にいたという。

「あれほど革命の核心を垣間見、突破口を切り拓いた瞬間はなかったなあ」

見沢はうっとりと振り返った。『天皇ごっこ』にも、「歴史の熱球に触った」と書いた場面だった。

「支援で農家に行くとね、立派な神棚が祀ってあってね……」

見沢が淡々と語る空港反対闘争に命を懸けていた当時の追想を、後藤もなかば羨望のうちに聞いた。

見沢の部屋に行くようになって、後藤が瞠目したのは、その蔵書の夥しい量であった。すきまなく書籍が収まった本棚で壁中が埋められ、出入口のほかはこの部屋に窓があるのかさえわからない。

本はジャンルごと作家ごとに整然と並べられており、後藤がいつも座る指定席から一番目につくところにあるのが、ドストエフスキーのコーナーだった。

後藤があるとき何気なく手にしたのが、『悪霊』の文庫本で、見沢はことさら熱心に、

「それはスパイ粛清の話なんだけどね……」

と内容について話してくれたものだった。

結局、見沢は日学同には一時期出入りしただけで加盟せず、間もなく武装闘争路線の統一戦線義勇軍に走り、スパイ査問粛清事件を引き起こしてしまう。

その見沢の事件を知ったとき、後藤は『悪霊』の件《くだん》のあまりの符合に呆然としつつも、彼の知る見沢という人間と事件とのギャップにとまどいを覚えた。と同時に、見沢と触れあった短い日々を、ある不思議な感慨で思い返さずにはいられなかった。


日学同早大支部の西田悦史は、シンパ時代の見沢知廉の横顔を知るひとりである。西田は見沢に出版社の出庫のアルバイトを紹介したり、学内でのビラ撒きを手伝ってもらったりと交流を深め、ときには下戸の見沢を誘って高田馬場駅前で酒を酌んだ。

見沢のヘアスタイルと着こなしは元「新左翼」の臭いをとどめていなかったが、かたや長髪の西田はアーミージャケット、ジーパンにズックといった「右翼」らしくないスタイルで学生時代を通した。早大の先輩三浦もそうだったように、西田は外見からはそれと知れない活動家であった。

西田は昭和五十二年四月に正式に日学同に加盟し、重遠社創建に立ち合うのだが、前の年に四谷・主婦会館で行なわれた「一〇・二一日学同政治集会」に参加する以前から日学同のオルグを受け、早大入学の暁には加盟する意思を固めていた。西田は宮崎県下の高校を卒業し、一浪ののち法政大学に入学した。その後早大受験を思い立ち、「一〇・二一」のときは法政大生の身分だった。

同盟員となった西田は即戦力として駆り出され、武田浩一委員長から情宣局の担当を命じられた。なんのことはない、情宣の仕事とは深夜のポスター貼りと学内外でのビラ撒きが主で、ハードワークの日が続いたが、この時期の一般学生たちの反応も打てば響くというわけにはいかなかった。

それでも、西田の加入で早大支部は再建への道を開いた。左翼学生運動の退潮のなかで、それまで二年近く日学同の「本家」といってもよい早大支部＝国防部に加わる早大生がいなかったからだ。

西田は国防部に部室があることを知ると、さっそく点検に出向いた。国防部の部室は正門横の一号館の〝最上階〟にあり、一度地下の階に降りてから〝最上階〟に続く専用の階段をのぼって行く。ひんやりとする石造りの広い階段で、ある踊り場にさしかかると、壁面に誰の手によるのか「森田必勝の意気ここに昂揚す」と大書されていた。

〝最上階〟は屋根裏で、小さくベニヤ板で仕切られた部屋が連なり、天井は低く傾斜していた。二年近い部員不在のため、国防部の部室には愛好会系の武術サークルが入り込み使用している形跡があった。西田は部屋に誰もいないことを幸いに、「闖入者」の荷物を室外に放り出し、看板をつけかえたのだった。その後この部屋では、テレビ朝日の日曜の報道番組でパーソナリティをつとめる筑紫哲也が撮影クルーとともに訪れ、同盟員らと討論をする同番組の収録が行なわれたこともある。

早大グランド坂に近い西田の下宿は、豊島区高田の日学同事務所にも自転車で五、六分と近かったことからなにかれと業務が託され、機関紙誌の書店卸と集金も任された。

『日本学生新聞』は三浦の大論文(「ポツダム純血主義と全面対決し、〝世界史的民族国家建設へ!」)が一面を飾った五十一年八月一日号(第一〇七号)をもって休刊となっていた。重遠社の創建から一年が過ぎたころ、日学同機関紙として、A3判大で両面二頁の『新民族主義』(月刊)の発行が開始された。重遠社が活気づくのに合わせ、同紙は五十六年七月一日号から重遠社機関紙に切り替わり、三浦も健筆をふるった。

西田は月刊の『新民族主義』はじめ、重遠社の機関誌『新秩序』、『来島恒喜』(復刻版)などの出版物が刊行されると、納品に都内の書店を回った。ウニタ書舗(神田神保町)、文献堂(西早稲田)、模索舎(新宿)などの書店が委託販売を快く引き受けてくれた。

西田と応援部隊による早大での情宣活動の成果は、本人が在籍する社会科学部から現れはじめた。早稲田祭への出展など支部の名に値する基盤が整ったところで、西田は学内サークルとして「国家社会主義研究会」(国社研)を設立する。

研究テーマは「北一輝」である。北は先輩の三浦が敬服する維新革命の巨星であった。三浦はかつて後輩たちとの討議のなかで、北を特筆する理由として「北一輝は、国家に処刑された唯一の右翼」と強調していた。国家を恐怖せしめた維新革命家、北の凄みを語ったのである。

西田は国社研の顧問に学業のうえで薫陶を受ける木村時夫教授(当時)を推戴し、北一輝研究家を学外から招き講演会を開催した。出陣学徒であった木村教授は、津田左右吉博士の学統を継ぎ、国家主義運動研究のうえで大きな業績を残している。

後年になって西田が知ったことだが、木村教授は昭和四十四年の『日本学生新聞』の「論壇」欄に「日本文化・条件と特質」という題で談話を寄せていた。紙面の半分近くを占める談話記事だが、西田は「伝統に根ざさない改革は失敗する」というコメントに強く惹かれ、教授の学問の深奥にあらためて思い至るのであった。

その西田は三浦から経理一切を命じられて、大学卒業後も、高田馬場の本部事務所が閉鎖されるまでの約四半世紀の間、団体職員の生業の傍ら重遠社の金庫番をつとめた。

三浦重周が代表をつとめる重遠社は、昭和五十二年四月結成以来、日韓大陸棚協定粉砕闘争、日中条約粉砕闘争（昭和五十三年）、東京サミット粉砕闘争（五十四年）、自民党護憲派＝大石千八一派糾弾闘争（五十六年）、大韓航空機撃墜糾弾闘争（五十八年）、紀元節奉祝―政府「式典」糾弾闘争（六十年）、「天皇陛下御在位六十年式典」私物化糾弾闘争（六十一年）――など、果敢に運動を展開してきた。（この間の昭和五十五年の初めには、事務所拡張のため、本部は豊島区高田から新宿区高田馬場・コーポ高田に移転した）

三浦はつねに運動の第一線に立ち、街宣はもとより、機関紙『新民族主義』の執筆からビラ撒き、ポスター貼りに至るまで、自らがこなし志を持続させてきたのだった。

昭和六十二年春、重遠社が創立十周年を迎えたとき、三浦は珍しくメディア（月刊誌『ゼンボウ』）のインタビューに応じている。

――今年で重遠社が創立されて十年たちますが組織としてはどうですか。

三浦（以下同）「予定通り順調に行ってま

す。七十人でスタートしましたが現在三百人になっています。関東総局のほか東海・関西支部も出来、機関紙『新民族主義』も定期的になった上、ページもふえています。

そのほか、三島由紀夫研究会は現在会員が六百人で、既に百回を越える講座を開いており、昨年の憂国忌はこの十年間のうち最大の参加者をみました。また五年前から国防問題研究会を発足させ、国防問題に的をしぼって研究会を開き、この会の会員も四百人になりました。二つとも月一回ずつ会を開いています。今年はさらに幅広い青年運動を目指して『新民族主義青年同盟』を発足させる予定です」

――それぞれの組織は会員がだぶっていますか。

「だぶっているところもあります。だぶっていますがそれぞれの組織は目的をはっきりさせており、別個のものと考えています。

三島研、国防研はその名の通りテーマをもった研究会で、大衆文化組織のつもりでいます。重遠社は政治団体で、新民族主義青年同盟は重遠社の考えを大衆運動化するための団体をめざしています。

そういった意味で日学同は重遠社の学生組織ということになります」（中略）

「政治団体ですから政権を担う団体にしなくてはなりませんし、目標は政権掌握です。そのためには組織拡大は最大の重要なことだと考えています」

――組織といっても、日学同となんらかのかかわりのあった人に限られていませんか。

「違います。当初は日学同の学生とOBが中心でしたが、最近は日学同とは関係のない社会人がふえています。学生時代に民族派運動とは関係のなかった二十代の人たちです。社会人になっているメンバーが企業などの同僚に声をかけ、そういう人が入るというケースですが、そういう人がふえています。

戦後の日本のポツダム体制で、日本人は企業への忠誠心を求められ、経済活動ひとすじでやってきましたが、いくら企業に忠誠を尽してもしょせん企業は企業です。また、経済成長が低下すると企業の方もそれなりのこたえしかしなくなります。社会に入って、そんなことを感じて現在の日本の体制に疑問を持ち始めている人が最近ふえています。そういう人たちが入ってきています」

——政権交替をめざすというと具体的な政策は。

「我々は、現在の日本の政治は、自民党―中道諸派の亡国派と社会党左派―日共の売国派とがやりとりしているととらえています。そこで、我々の考えている興国派が政治を行っていかなくてはならないと考えています。

興国派というのは、ポツダム体制を打破し、日本の伝統的国体を復活させる人々のことです。そういった立場の人は自民党の中にも何人かいます。また、自民党の旧綱領は憲法改正をうたっていましたから自民党支持者の中には自民党のそういった面を支持していた人達も相当いました。ですから、そういった人達と一緒にやる必要もあります」

三浦はこのとき三十七歳、ますます意気軒高であった。インタビューでも述べているように、この年昭和六十二年には、さらに幅広い青年運動を目指して重遠社の考えを大衆運動化するための青年組織「新民族主義青年同盟」(新青同)の発足を視野に入れていた。

そしてその構想がついに実現するのは、同年十月二十三日のことであった。その日、東京・池袋の豊島区民センターにおいて、新青同の結成集会が開催されたのである。

新青同の初代委員長に就任したのは、日学同OBで重遠社組織局長の佐々木俊夫であった。佐々木は昭和三十三年、茨城県友部町(現笠

間市）の生まれ。生家は近江源氏の流れを汲む家柄で、先祖には桜田門外の変に参加し、

君がため　つもる思ひも　天つ日に
　とけてうれしき　けさの淡雪

と辞世を詠んだ水戸脱藩浪士の斎藤監物《さいとうけんもつ》がいた。

そうした血筋に加え、小学校六年のときに起きた、いわゆる「三島事件」の衝撃が、佐々木を維新運動に飛び込ませる決定的な契機となった。

「三島由紀夫は何のために死んだのか？」

との疑問を解明することが、佐々木の生涯のテーマとなったのである。

佐々木は地元の高校を卒業後、昭和五十二年春、駒沢大学法学部に入学、同年十一月二十五日、新宿・牛込公会堂で開催された憂国忌に初めて参加したのが、重遠社・日学同・三島由紀夫研究会とかかわる第一歩となった。

佐々木のオルグを担当したのは重遠社主幹の松田豊だった。ふたりは渋谷駅前の喫茶店で会い話をしたのだが、松田から見て佐々木は文句なしに即戦力、即幹部候補生に映った。

こうして佐々木は三島由紀夫研究会会員となって、三島研公開講座に毎回参加し、豊島区高田にあった神田川沿いの本部事務所に出入りするようになった。本部といっても、六畳一間のアパートで、重遠社、日学同、三島由紀夫研究会のすべての事務所を兼ねていた。

そんななか、佐々木が初めて三浦と顔を合わせたのは、翌五十三年五月、東京外語大学へ日学同のポスターを貼りに行ったときのことだった。

五月二十六日に豊島区民センターで開催予定の重遠社・日学同主催の「国防を考える青年学生集会」のポスター貼りで、松田をはじめ日学同委員長で同期の後藤らと一緒であった。

ひと通り作業を終えたあとで、松田が、

「ちょっと待ってて。いま、三浦さんが来るから」

と言った。北区西ヶ原の東京外語大の近くに三浦の下宿はあったのだ。

間もなく三浦はやってきて、みんなで近くの喫茶店に入り、そこで佐々木は三浦を紹介されたのだった。

〈はあ、この人が三浦さんか……〉

三浦は、十九歳の佐々木より九歳年長であった。このときはもっぱら三浦と松田が話し込んで、佐々木はあまり話もできなかった。

それが、以後同志として三十年近くにわたって親交を結び、大きな影響を受けることになる三浦との出会いだった。

間もなくして佐々木は正式に日学同同盟員となって運動に挺身、大学在学中、日学同幹部、三島研事務局長としてフルに活躍。また、森田必勝が初代議長をつとめた全日本学生国防会議を発展的に改組し、社会人を含む国防問題の啓蒙団体の設立を早くから構想、模索し、その結成のために奔走した。

そうした佐々木ら幹部の尽力は実を結んで重遠社の指導下、「国防問題研究会」はついに設立され、昭和五十六年五月十三日、四谷公会堂で四百名の参加者を集めて結成大会が執り行なわれた。

同研究会代表幹事に就任した根岸潔（立教大OB）が挨拶に立ち、

「正しい国防論議を国民間に巻き起こし、国防体制の強化、拡充を目的に学生青年を主体とした広汎な階層で一大国民運動の創出を図りたい」

との決意を述べた。

佐々木は大学卒業後もしばらくは就職せず、重遠社の専従として活動に専念、三浦体制を支えた。

昭和六十年二月十一日、佐々木は桜風会を主

宰する森田忠明とともに、大手町の産経会館において「紀元節奉祝式典」を開催、

「これが本来の正統なる建国のお祝いの式典」

と大きな反響を呼んだ。

きっかけは一カ月前の一月十五日、荻窪の森田忠明邸で行なわれた森田の仲間内の新年会であった。佐々木も参加したのだが、およそ二十人のメンバーで、やはり民族派の面々が多かった。

元大東塾塾生の森田忠明は、昭和五十二年三月三日、元楯の会会員の伊藤好雄、西尾俊一、大悲会会長の野村秋介とともに、「財界の営利至上主義を糾弾する」として、世にいう「経団連襲撃事件」を敢行した男だった。

それによって懲役五年の刑を受けて栃木・黒羽刑務所に服役、昭和五十七年七月一日に出所、五年四カ月ぶりにシャバの人となったのだった。

佐々木が、関西日学同OBの山本徳造に紹介されて森田と知り合ったのは、彼の出所後二年ほど経ってからのことだが、会うやすっかり意気投合し、毎晩のように酒を酌み交わす仲となっていた。

昭和六十年一月十五日の新年会も、そうしたいつもの飲み会の延長であった。その席上、各人、だいぶ酒もまわって、

「中曽根が出席して執り行なわれる建国記念の日式典は、実にけしからん!」

という話になった。

当時、民間団体による「建国記念の日」式典は、中曽根首相の〝臨席〟を仰いで行なわれるようになっていたのだが、その際、中曽根が提示したのは、「神武天皇建国を印象づける内容にしないこと」「神道形式を伴わないこと」「紀元節の歌を歌わないこと」などの条件だった。民間式典主催者側はそれをすべて受け入れて、中曽根首相の出席は実現していた。

「何のための式典かい⁉　これじゃ換骨奪胎もええとこやないかい！　日本の歴史と伝統、文化を破壊し、建国記念の日を冒瀆するものにほかならんやないか。だいたい正しく紀元節と言わんかい、紀元節と！」

新年の酒に少々酔った森田忠明や山本徳造がオダをあげ、仲間も「そうだ！　そうだ！」と気勢をあげた。

このとき、やはり酒が多少まわった佐々木は、つい先輩たちを挑発したくなって、

「あの式典がけしからんと言うんなら、自分たちでやったらいいじゃないですか」

と言ってしまった。これには、

「何だ、佐々木、偉そうに言いやがって」

などという反発の声が出るどころか、逆にこのひと言で、場はますます盛りあがりを見せた。

「そういや、そうやな。佐々木の言うとおりや。人のやってることに文句ばかり言ってても始まらん。自分たちでやるのが一番や」

「おお、そうだな。そりゃ面白い。やろう、やろう」

あっという間に衆議一決してしまったのである。

だが、やろうといっても、二月十一日まで残された時間は一カ月もなかった。それでも口に出した以上、佐々木も後に引くわけにはいかなかった。森田とふたりで中心となり、会場や神主を手配し、カネを集め、ポスターを作って準備を進め、ついには当日の開催にこぎつけ、産経会館に二百人の参加者を集めて「紀元節奉祝式典」を滞りなく執行したのである。

それは奇跡といってよかった。

この式典の成功を見て、改めて佐々木の優れた手腕、力量に瞠目したのは、三浦重周であった。

実は佐々木が森田とともに同式典を開催するにあたって、事前に佐々木から許可を求められ

たとき、三浦は、

「それはダメだ。あんたは重遠社の組織員なんだから、重遠社の統率に従ってくれ。ほかの団体と勝手に付き合ってはいかん」

と認めなかった。この三浦の反応を予め覚悟していた佐々木は、

「わかりました。じゃあ、僕は重遠社の人間としてではなく、一日本国民として紀元節をお祝いします。それならよろしいですか」

とすかさず応じ、それには三浦も、

「まあ、そこまで言うなら仕方ないな」

と渋々、承諾したいきさつがあったのだ。

一回目の成功に気を良くし、翌年からも毎年続けていくことを確認しあった森田たちに、今度は三浦も積極的に賛同し、二度目からは重遠社も参加を決めたのだった。翌六十一年二月十一日に新宿の安田生命ホールで開催された二度目の紀元節奉祝式典は、前回以上、三百五十人の参加者を集めた。

この盛況に、三浦は、

「これは国民運動を広げるチャンスだ。重遠社の組織をあげてやるべきだ」

と、俄然その気になった。さらに佐々木に対し、

「冬が二月の紀元節なら、夏は八月の終戦記念日があるだろ。この終戦記念日の記念行事もやろう」

と迫った。

「わかりました」

佐々木がさっそくそれを森田に提案すると、森田も、

「よし、やろう!」

と意欲を示し、紀元節奉祝式典実行委員会のメンバーが中心となり、同年八月十五日、九段会館において「八・一五青年集会」が開催された。これまた成功裡に終わるとともに、重遠社・日学同にとって、他団体との交流が広がるいい機会となった。

時あたかも日学同結成から二十年経った昭和六十一年であった。

そんな折、関係者の誰からともなく、持ちあがったのが、

「ちょうどいい節目だ。日学同OBに呼びかけて結成二十周年記念式典を執り行なおうではないか」

との案で、それは皆の賛同を得た。日学同委員長の國学院大三年飯沼利比古の呼びかけでOB有志による世話人会も結成されるなど、着々と準備も進められた。

昭和六十一年十一月十五日午後六時より、東京・高田馬場駅前ビッグボックスのホールで、「日本学生同盟結成二十周年記念式典」は開催された。

式典には創設者の矢野潤をはじめ、初代委員長の齋藤英俊、『日本学生新聞』編集長だった宮崎正弘、委員長経験者の山本之聞、三谷哲央、片瀬裕、初代関西総支部長の古賀俊昭、全日本学生国防会議議長をつとめた高柳光明、松島一夫、中西哲といったメンバーが駆けつけたばかりか、副委員長を歴任した一水会の鈴木邦男、かつて京都支部に在籍した洛風書房の魚谷哲央などOBの顔も見られた。

冒頭、斎藤忠、中川八洋、村松剛らの祝辞があり、続いて会場正面に映し出された昔の日学同の関連スライドを見ながら、OBたちが現役時代の懐かしい思い出話を披露、パーティは大いに盛りあがりを見せた。

締めくくりの三浦の挨拶は、日学同OBというより、現役の活動家の決意表明以外の何ものでもなかった——。

「……私が言いたいことは、日本学生同盟で活動してきたという、このことは、単に学生時代の記憶に残る思い出というのではなくて、やはり自分自身との闘いを含めて、国家革新というその日まで、生死を懸けて闘っていくことだと考えております。

日学同は結成二十年の今日この日を迎えたわけでありますが、しかしいま現在、日本は覚醒もされておりませんし、維新もされておりません。あと何年何十年かかるかわからないけれど、われわれは、昭和維新実現――こういう志を抱いたわけですから、皆さまはさまざまな分野で活躍されておりますけれど、それぞれの分野でその志を生かしながらも、第一線でいつかは起つ！――この志を持ってこれからもやっていかなければならないと思います」

また三浦は、この日学同結成二十周年を期して、かねて練ってきた青年運動体「新民族主義青年同盟」（新青同）の設立構想をぶちあげた。重遠社の学生組織が日学同なら、重遠社の青年組織としての新青同を結成し、その二つを車の両輪とする、という構想である。

三浦がその青年組織の責任者として指名したのは、重遠社組織局長である佐々木俊夫であった。

「佐々木、おまえが委員長となって新民族主義青年同盟をつくれ」

と下命してから設立まで一年もの時を要したのは、三浦と佐々木との間に世代的なズレともいうべき、新組織に対する微妙な考えかたの相違があったからだった。

七〇年安保闘争を生き抜いてきた三浦がイメージしていたのは、尖鋭化された政治運動組織であるのに対し、学生運動の酷寒期を迎えていた佐々木たちの世代にすれば、もはやイデオロギー的な政治党派が成立する時代とは考えにくかった。

佐々木が漠然と構想していたのは、緩やかな国民運動団体を作るべきではないかということだった。

そんなこともあって、新青同設立構想はなかなか実現に至らずにいたものだから、三浦もシビレを切らし、

「いつになったらできるんだ」

と佐々木に何度も迫った。

そこで佐々木も、

〈ともあれ、重遠社コンツェルンを作るということを考えれば、その一翼としての形を作っておくことも大事なことだろう〉

と考え直し、佐々木なりに工夫し、ついに新青同の結成にこぎつけたのは、日学同結成二十周年記念式典から一年後のことだった。

昭和六十二年十月二十三日、東京・池袋の豊島区民センターにおいて、新民族主義青年同盟の結成大会が開催されたのである。参加者は二百人だった。

大会には日学同の良き理解者である文芸評論家の村松剛が記念講演に駆けつけ、新青同の門出を祝った。

初代委員長に就任した佐々木が基調報告で、

「われわれは政治の革新を目指している。国家の覚醒を望む団体である。そのためにはつねに訴え続けなければならないのである。その訴えは単に言葉だけのものであってはならない。行動が伴わないことには誰の信をも得ることができない。陽明学の教える知行合一をわれわれの行動の基本とし、強固な組織に裏づけられた強力な訴えを推進していく」

と決意を述べた。

新青同執行部は委員長が佐々木俊夫、書記長に宮川英之、組織局長に森垣秀介、中央執行委員に佐藤政博という構成だった。

新青同書記長に就任した宮川英之は、東京都北区出身、国士舘大学に勤務する職員で、このとき二十七歳であった。

昭和五十五年、国士舘大学二年生のとき、「三島由紀夫追悼十年祭　憂国忌」へ参加したのが、日学同へ加盟するきっかけとなった。

二年先輩である駒沢大学四年生の佐々木俊夫にオルグされて間もなく日学同入りし、三浦重周と初めて会ったのは、翌五十六年新年の皇居参賀のときだった。

それ以来、日学同関連の行事や集会等で顔を合わせ、指導を仰ぐようになったのだが、宮川にすれば、三浦には驚かされることばかりだった。まず、その博覧強記ぶりで、これほど該博な知識の持ち主には、いまだかつてお目にかかったことがなかった。たとえば、雑談のなかで門下生が発した、

「どうして戦前昭和期のテロリストには血盟団など日蓮宗の信者が多いんでしょうかね。北一輝や石原莞爾も法華経に開眼して……」

という疑問には、

「橋川文三が書いてるじゃないか。信仰的契機からの行動は、明治期の伝統的ナショナリズムにはみられない傾向だよな。それが昭和を迎えて……云々」

とすぐに返してきて、答えに窮するようなことは金輪際なかった。彼らの様々な問いに必ず明確に答えては、意識を高めてくれるのが三浦であった。

それこそ、時事問題に始まって政治思想史や国体論、歴史全般などに至るまで、ありとあらゆることを知っており、自説・持論を持ちあわせていた。

理論合宿で初めて三浦の講演を聞いたときには、何ら原稿も見ずに滔々と弁じ続けるその論客ぶりに、宮川は心底圧倒されたものだった。

ただ、酒席などでいきおい飛び出す下世話な会話にも付き合った三浦だが、女性遍歴のない身上だけに、異性がからむ話題では当意即妙の名答を期待できない人物でもあった。

宮川は国士館大学を卒業後、同大学に就職、その一方では重遠社の一員として活躍し、昭和六十年十一月二十五日の十五年祭憂国忌を機に、三島由紀夫研究会事務局長に就任、昭和六十二年十一月、新青同の発足に伴って書記長に就き、平成元年には佐々木俊夫のあとを受けて、新青同の二代目委員長に就任した。

平成の御代になって、民族派陣営が一様にショックを受けたのは、皇位を継承された今上天皇が即位後朝見の儀で、

「日本国憲法を守る」

と述べられたことだった。「憲法改正」を掲げて維新運動に取り組んできた民族派陣営にすれば、いったい自分たちの運動は何だったのか――と、運動の根幹を揺るがしかねない今上天皇のご発言であったわけだ。

これに対して、「四・二九青年学生集会」を主催した新青同・日学同は、その「憲法護持」の玉音問題に関して、機関紙『新民族主義』で、こう見解を述べた。

《……この御代代わりに於ける重大問題の露呈こそ、戦後体制というものに未だその身を委ねてきた、正に我々の不忠・不徳の致す罪業であることをこの際はっきりと断言・銘記しなければならない。

何故ならば、本来民族の大悲願であるところの「憲法改正」という国家基本命題が、未だ圧倒的な国民的合意、直結せる大潮流となって組織されていない。裏を返せば大多数の国民が真に覚醒することなく、故に憲法改正を全く生活のカテゴリーより度外視したまま、現在の〝ポツダム憲法〟を以てそれで良しとせる世情にあっては、如何に陛下といえども、否、古の昔より一貫して「国安かれ民安かれ」と祈られ国家・民族を御総攬あそばされ、国民の心を常に大御心とお考えになられる日本国天皇であらせられるからこそ、今回のような御発言に到るのである。

即ち、陛下をしてそのように思召させる国内状況に、国民思想に、今日迄何ら変革出来得なかった我々一人一人の罪業であることを思えば、正にそれは断腸の思いである。

我々は今こそ、『変革の原理としての天皇』を強く仰がなければならない》（『新民族主義』第百十号、平成元年五月一日）

この論文を執筆したのが、新青同委員長に就任して間もない宮川であった。

これを真っ先に褒めてくれたのが三浦で、後にも先にも初めてのことだった。

「宮川、おまえの今回の論文、良かったぞ。あのとおりだ。ああいう視点が大事なんだよ」

宮川には、三浦から評価されることが何よりうれしかった。

「ありがとうございます」

「天皇には二つの側面がある。一つは現御神《あきつみかみ》といって、お祭、祭祀の大権を担われる側面と、もう一つ、皇大神《すめらみこと》——統治大権、天下を統治する天皇の側面。今回の件に関して言えば、統治大権のほうだな。

悲しいかな、戦後、天皇は統治大権を持たれずにきた。統治大権がないなかでの御発言というのは、まさに御自身の発意ではなく、時の為政者の発言でしかない。だから一刻も早くこの二つの大権——統治大権と祭祀大権をお上にお返し申し上げる、ちゃんとした形のものに復することが急務であり、それこそが国体の復権なのだ」

三浦はいつにも増して熱っぽく語った。

宮川が三浦から教わったことは、計り知れないものがあった。

とはいえ、三浦の話は四角四面の堅苦しいものばかりではなかった。ときには脱線して『野望の王国』という劇画を絶賛し、

「まさに生きた政治学、右翼必読の書だぞ」

と推奨してみたり、映画『仁義なき戦い』もことのほかお気に入りで、

「この映画から、人が人をどうやって支配していくのか、その手練手管というか、マキャベリズムを学ばなければならん」

と真顔で語ったりもした。

三浦から受けた影響は大きく、宮川も、

「決死勤皇　生涯志士」

という三浦の座右の銘を自分のものとして、

つねに自室に掲げていたものだ。

だが、平成三年、宮川は新青同初代委員長の佐々木ともども、それほど私淑した三浦と、重遠社の路線を巡っていったんは袂を分かつことになる。

きっかけは平成二年八月二日、イラク軍のクウェート侵攻を機に勃発した湾岸戦争を巡っての論争であった。

同年十一月三十日、国連安保理は対イラク武力容認を決議、これを受けて翌平成三年一月十七日、米英仏など多国籍軍によるイラク攻撃が開始され、湾岸戦争は始まった。

これに対し、新青同（森垣秀介委員長）はイラクのクウェート侵攻を、「アラブの解放・統一へ向けた革命」「大東亜戦争と同じ質をもった聖戦」と捉え、一貫してイラクを支持してきた。

米英仏など多国籍軍によるイラク攻撃が報じられるや、新青同と日学同はただちに連名で、

①イラクの行動は欺瞞と矛盾に満ちたヤルタ・ポツダム戦後体制打倒への総蜂起として認識する
②一月十七日早朝をもって開始された欧米白人帝国主義のイラク・クウェートへの宣戦布告は、人類共通の敵として認識する
③欧米白人帝国主義のアラブ侵略に対するイラクの断固たる態度は、大東亜戦争の精神に通ずる「アラブの聖戦」と認識する
との三点を要旨とする「声明」を発表した。

もとよりこれが湾岸戦争に対する重遠社の公式見解であるのはいうまでもなく、三浦も早くから、「イラクのクウェート進攻は通常の侵略・併合と明らかに異なる。アラブの解放・統一への動きである」として、

「今日アラブ世界は二十以上の国家に分裂しているが、欧米列強の分割・統治政策の結果、勝手な線引きを行なったためである。

米、英、仏、ソ、中は汚れた手をアラブ世界

へ突っ込み干渉しようとしているが、アラブ民族の統一は必ず成功するであろう。日本もアラブの民族的統一を支持すべきである」

と論じた。このとき、

「それは違うんじゃないですか」

と、三浦に反論をぶつけたのは、重遠社政治局長である佐々木俊夫であった。

「湾岸戦争によって日本を巡る国際環境は決定的に変わってしまったんですよ。いままでの自分たちの考えかたでは到底計り知れない――いわば海図なき世界に日本は立たされてしまったということだと思うんです。いままでなら、単純に言えば、共産主義に対するアンチと天皇陛下万歳と言っていれば、自分たちの気持ちは整理できた。ところが、共産主義の国家群がなくなり、その価値観が全世界史的に否定された――というのが、僕らにとっての今度の湾岸戦争の意味だったんじゃないですか。

戦後の日本というのは米ソの緊張関係のなかでアメリカ側に付かざるを得なかった。アメリカ側に付くことによって一時的な冷戦という名の平和を享受していたに過ぎない。湾岸戦争によって冷戦体制が崩壊したいま、自らの国の平和は自らが勝ちとっていかなければならない。いまこそ日本は独立主権国家としてもう一度立ちあがるべきです。それなのに三浦代表は、湾岸戦争の交戦国を、敵か味方かという構図でとらえておられる。ちょっとそれは違うんじゃないでしょうか。

僕らはそういう価値基準から、その桎梏から解き放たれた。それによって、実は日本自身が負わなければならない責任も負うハメになったんです。つまり、もはやアメリカは無条件に日本を守ってくれる状況ではなくなったということです。いまこそ戦後体制を克服する絶好の機会ではないですか」

湾岸戦争に対する位置付け、評価、今後の重遠社運動のありかた、政治路線を巡って、三浦と佐々木の意見は対立し、結局、最後までその溝は埋まらなかった。

自分の意見が受け入れられず、三浦・森垣路線に付いて行けないと判断した佐々木は、ついには重遠社を離れる決断をし、平成三年八月二十四日、脱党届ともいうべき手紙を代表の三浦に出した。

このとき、重遠社書記局長の宮川英之をはじめ、少なからぬメンバーが佐々木と行動をともにしたのだった。


重遠社から佐々木政治局長、宮川英之書記局長らが去ったあと、森垣秀介委員長率いる新青同運動はより先鋭化していった。

森垣は新青同の腕章や制服、旗まで新たに作り、運動スタイルやプロパガンダの手法においても、従来になかった独自のものを創りだした。

たとえば、日学同とともに主催する新青同の政治集会においても、真暗闇の会場のなか、勇壮な音楽が鳴り響き、サーチライトを浴びて三浦や森垣が登壇したり、あたかも記録映像に見るナチスの党大会のような趣きのものとなっていった。

森垣の演説も、

「……われわれは、いまなお白人帝国主義五百年の覇権とこれに対する反撃戦が続いていることを強く認識し、世界を覆う『近代・西洋・キリスト教』文明を打倒、白人帝国主義植民地の残滓を一掃する運動を推進しなくてはならない！

なかでも日露戦争において白帝ロシアを打ち破り、大東亜戦争で孤軍奮闘、白人をアジアから蹴散らし傲慢なる白人をして胆から震撼たらしめたわが日本こそ、有色人種の偉大なる英雄としていまなお世界史に燦然と輝いており、新文明的指導者の担い手としてその世界的使命の責任は極めて重大である！

いまやパックス・アメリカーナの終焉が時間の問題である今日、来るべき米国との対決に断固勝利し白人覇権主義の断末魔を悉く粉砕しなくてはならない！

そして文明の占有者面してアジア・アフリカ・南北アメリカで跋扈する、のぼせあがった近代白人優越文明を粉砕し、本来の生存地域であるユーラシアの西端に閉塞させてやらねばならない！　そのとき初めて白人帝国主義五百年の残虐な傷跡が一掃でき真の東西文明の共存共栄が花咲くことができるのであーる！」

といった調子で、拳を振りあげ獅子吼し、派手なパフォーマンスとともに照明や音楽の演出効果もよろしく、森垣は稀代の演説の名手といってよかった。

もとより、こうしたやりかたはすべて重遠社の代表である三浦に了解を得てのことだったが、そこには、

「集会にせよ街宣にせよ、従来の日学同の運動スタイルや、やりかたを抜本的に変えたい」

という森垣の強い意志があった。

というのは、自分が委員長となって新青同を率いていくことになったとき、どんな運動をやっても、ほかからは、

「ああ、あそこは日学同だからな」

という見方をされるのがつねで、ともすれば森垣から運動の意欲を削ぎかねなかった。もともとが日学同出身者ではなく、日学同運動をまるで通過せずにいきなり重遠社・新青同に飛び込んだ男であったから、「日学同」からは極めて自由な立場にあったのだ。

森垣は昭和三十二年、東京・練馬の生まれ。昭和五十一年四月、早大商学部に入学し、同大卒業後の昭和五十五年四月、大手カメラメーカーに就職、エリートサラリーマンとして地歩を固めていく。そんな森垣にとって転機となった重遠社との出会いはビジネスマン生活七年目、昭和六十一年秋のことだった。

愛読誌の『軍事研究』を読んでいたとき、ふと目に留まった記事があった。それこそ重遠社系国防問題研究会主催の国防講座の告知だった。

小学生のときにヒトラーの『わが闘争』を読んで感銘を受け、長じてからも政治や軍事、国防問題に関心を持ち続けた森垣は、これに敏感に反応し、

〈国防問題研究会?……いったいどういう団体なのだろうか?〉

と高田馬場にある同研究会事務所を訪ねていったのだ。

そこはマンションの五階にあり、同研究会ばかりか、重遠社、日学同、三島由紀夫研究会の共通の事務所になっていた。森垣が訪ねたのはちょうど憂国忌直前の時期だったこともあり、事務所のなかは慌ただしかった。

森垣と応対し、その国防論や国家観に耳を傾けてくれた国防問題研究会の関係者が、森垣の考えに大いに賛意を示し、

「よかったら、僕らの開催する講座や集会にも参加してくれませんか」

と誘った。

森垣にも否やはなく、それから国防講座ばかりでなく、重遠社や日学同の主催する集会に参加したり、事務所にも頻繁に出入りするようになったのだった。

その過程で、重遠社代表の三浦とも出会い、その朴訥で飄々とした人柄に親しみを覚えると同時に、かえって強い印象を持った。

強烈なリーダーシップを発揮して皆を引っ張っているタイプというより、その人柄と包容力で組織をうまく取りまとめているというところが感じられ、そこに森垣は惹かれるものがあり、

〈このひとなら、自分のような個性も受け入れてくれるんじゃないか〉

と確信して、間もなく重遠社への「入党」を

決めたのだった。

翌六十二年十一月に新民族主義青年同盟（新青同）が発足すると、組織局長に就任して活動に挺身、平成二年からは佐々木俊夫、宮川英之に次いで三代目の委員長に就任し、リーダーとしてさらに新民族主義運動にのめり込んでいった。

一方、三浦にしても、森垣という異色の活動家に大層興味を持った。

森垣のように日学同に関与せずに社会人となってから重遠社に飛び込んでくるケースは珍しかった。しかも学生運動とは一切無縁で、早大という日学同発祥の大学に身を置きながら、その存在さえ知らなかったというから変わっていた。

それでいて森垣は政治的意識も高く、確固とした理論を持ち、運動に取り組む姿勢も極めて意欲的でかつ戦闘的であった。なおかつその一方で、一流企業に勤めるビジネスマンでもあったから、三浦にすれば、

「森垣は偉いよ。会社と運動を両立させているんだから、頭が下がるよ」

と、感心したものだった。

三浦の目から見て、森垣のようなタイプの活動家は長い日学同の歴史にあってもいまだかつてお目にかかったことがなかった。

そもそも日学同は七〇年安保を目前にして大学闘争をきっかけに生まれた学生組織であったから、ヘルメットやゲバ棒こそ手にしなかったが、集会や街宣、デモなどの運動スタイル、演説やアジテーションの手法にしても、新左翼学生活動家たちの影響から免れなかった。

その点、新左翼学生運動も日学同運動も経験していない森垣は、そうした運動形態からはまったく自由だった。普段は温厚な森垣であったが、街頭やホールの壇上に立ち、いったんマイクを手にするや豹変し、火を吐くような烈しさで聴衆に訴えた。

森垣が新青同の委員長に就任後、路線対立が解消されぬまま佐々木、宮川たちが重遠社を去ると、森垣路線はさらに過激さを増し、戦闘的になっていった。ナチスばりの党服、党旗、腕章、光と闇と音に包まれた政治集会。

日学同的な固定観念を打ち壊すために、森垣が三浦の了承を得て意識的に改革に取り組んだことではあったが、どんどんラジカルなものに変わっていく新青同・日学同の運動スタイルに、

「ちょっとやり過ぎではないか。あれじゃ、いままでの日学同の支援者もみんな離れてしまう」

「あの運動スタイルは組織にとって弊害にしかならないんじゃないですか」

と、関係者の間から違和感や危惧の念を漏らす声も聞こえてくるようになった。

「何もしない口先だけの者より、行動する者、運動をやるかどうかが大事。方向性が同じであれば、いろんな運動スタイルがあってもいいのではないか。森垣はよくやってるよ。ああいう戦闘的な人間もうちには必要だ」

と、かねがね森垣をカバーし、そのやりかたを含めて支持してきた三浦であったが、批判的な声が高まるにつれ、捨てておけなくなった。

「うーん……」

三浦は森垣の処遇について、苦渋の決断を迫られた。考え抜いた末に出した結論は、

〈オレにとっても森垣にとっても、もはやこれしかあるまい〉

と、三浦が判断してのことだった。

平成七年十月末、三浦は、

「森垣、話がある」

と森垣を事務所に呼びだし、ふたりだけで話し合いを持った。

「森垣、おまえ、もう独立しろ」

「……!?」

藪から棒の話に、森垣は自分の耳を疑った。

「代表、それは私に重遠社を出ろということですか」

「うん、そうだ。そろそろ潮どきだと思う。おまえにとってもそのほうがいい」

「私の運動スタイルがもう重遠社には受け入れられなくなったということですか」

「森垣、受け入れられるとか受け入れられないなんて、どうでもいい話じゃないか。オレはおまえのスタイル、好きだよ。おまえはおまえで、いまのスタイルをとことん貫き通せばいいんだよ」

「……」

ずっと重遠社で運動を続けていきたいと考えていた森垣にすれば、三浦の通告はあまりにもショックだった。

だが、森垣は内心の動揺を少しも顔に出さず、

「わかりました」

と応えるしかなかった。


三浦は、森垣の潔い所作に、改めて見直す思いがした。

「ただ、代表……」

森垣が続けた言葉は、組織を追われることに対する抗議でも恨みごとでもなかった。

「お話はわかりました。仰せの通りに致します。しかし、いま、憂国忌を目前にして、自分たちはポスター貼りやら何やら、その準備に大童《おおわらわ》であります。それを全部放り投げて出ることはあまりに無責任です。どうか、その任務だけは最後まで全うさせてもらえませんか」

並の者なら逆上してもおかしくない場面なのに、森垣の口を衝いて出たのは思いもよらない科白《せりふ》だった。

三浦は目を瞠《みは》って森垣を見た。

「そうか、森垣。よろしくたのむ、ありがとう」

「代表、長い間、お世話になりました」

森垣は平成七年憂国忌をもって最後の任務を

終えると、九年間にわたって活動してきた重遠社を離れた。

やがて新青同時代からの同志とともに、「超国家主義『民族の意志』同盟」を結成、三浦とその約束通り独立を果たし、その結成式を靖国神社において執り行なったのは、同年十二月九日のことだった。

重遠社にあって三浦より二歳年長、組織の潤滑油的な役割を自認していた鈴木秀壽が、三浦と衝突し、重遠社からいったん離れたのは、佐々木、宮川たちが組織を出てから少しあとのことだった。

昭和二十二年生まれ、東京・荻窪出身の鈴木が駒沢大学を卒業後、大手眼鏡販売会社に就職したのは昭和四十五年四月で、ちょうど三浦の早大入学と入れ違いになった。

鈴木は学生時代、正式に同盟員にはならなかったが、日学同の集会やデモにもたびたび参加する熱心なシンパだった。大学を出て社会人となってからも、文化フォーラムや三島研の研修旅行などにも参加、学生時代以上に日学同にかかわるようになり、重遠社の創建にも参画、そのメンバーとして会社勤めの合間を縫って運動に取り組んできた。

そんな鈴木が三浦と意見がぶつかったのは、ある集会の帰り、メンバーたちと連れだって高田馬場の喫茶店に入ったときのことだった。珈琲を飲んで皆で雑談中の折、

「社会人は何もしてくれないからな」

と、三浦が社会人メンバーに対して批判的な言辞を述べたのが発端だった。

佐々木たち主要メンバーがいなくなり、重遠社の活動が停滞化していたこともあって、全体にモヤモヤ感が漂っていたのも否めなかったろう。その三浦のひと言に、鈴木が切れてしまったのだ。

「それはどういう意味ですか！　社会人は学生

と違って家族を養わなきゃならないんです。そりゃ専従となって活動に専念できれば一番いいんでしょうが、誰も彼もがそういうわけにはいきません。家族を食わせ生活を守ることも、われわれにとってはもうひとつの闘いなんですよ！」

三浦に掴みかからんばかりの鈴木の見幕に、その場に居合わせた者は一様にビックリした。ふだん温厚で知られる鈴木からは考えられない光景だった。

鈴木の隣りに座っていた者が、あわてて止めに入ったほどだ。

鈴木は三浦に対して言いたいことを言い終えると、

「このままでは私も代表と一緒に活動できませんから、しばらく頭を冷やすことにします」

と宣し、重遠社から一時身を引く旨を伝えたのだ。このことで処分されても止むなし、との覚悟は決めてのことだった。

だが、三浦はそんなことで同志を切るような了見の狭いリーダーではなかった。

鈴木の猛抗議にも、三浦はただ微苦笑を浮かべ、

「鈴木さん、御批判、厳粛に受けとめますよ。いつでも帰ってきてください」

と応えただけだった。

鈴木もこれを冷却期間として、しばらく重遠社と距離を置くことにした。あの場面で、言葉の弾みでも「もう辞めます！」と開き直らなかったのは、やはり重遠社や三浦への拭いがたい愛着があったからだった。

鈴木の信念は、思想・信条より大切なのは人間の気持であり、いくら活動だ運動だと言っても、基本は人と人のつながりが一番大事である、ということだった。それを失ってしまったら、組織は成り立たない。そうならないようにつねに同志として気持ちを触れ合わせ、つながりを持たせることが自分の役割であり、いわば

人間関係の接着剤・潤滑油的な存在でありたい、と願ってきたのが、鈴木であった。

〈そういう意味では、いまはなんだかバラバラの状態だな。若い連中も事務所へは行きづらくなってるし、集まる場所がないんだ。個々には会って話をしても、みんなが一堂に集まって話せる機会がないんじゃないか。どうしたものか。うーむ……よしっ！〉

思案の果てに、鈴木が思いついたのは、荻窪の自宅にみんなを集め、定期的な飲み会をやってはどうだろうか——という考えだった。

三浦とやりあって重遠社の活動からおよそ一年ほど離れたあとに復帰すると、鈴木はすぐにメンバーに呼びかけて自宅での飲み会を実行に移した。もとより三浦への事前報告も忘れなかった。

あくまでも同志たちの気持ちをひとつにするための飲み会であり、万にひとつも分派活動などと見る向きがなかったのは、鈴木の人徳であったろう。

最初は十数人の集まりが二度目以降は三十人になった。恒例となってからは三浦も参加し、少しずついい形になっていった。鈴木の狙いは当たったのだった。

三浦との意見のくい違いから、平成三年八月以来、重遠社の運動から身を引いていた佐々木俊夫が、平成七年十一月の憂国忌の会場で、三浦からいきなり、

「おい、佐々木、おまえ、戻ってこいよ」

と声をかけられたときには、さすがに驚いた。あまりに唐突だったので、

「えっ、どうしたんですか？」

と問い返すと、

「森垣は独立していったよ。だから、おまえ、もう戻ってこいよ」

事もなげに言う三浦に、佐々木は苦笑を禁じえなかった。

「いや、三浦さん、そんな簡単な話じゃないでしょ」

「どうしてだ？」

「だって、そうでしょ。三浦さんのことは日学同の先輩として尊敬しているし、いま、自分がこうやって政治の世界に生きていられるのも三浦さんのお陰だっていう感謝の気持ちは重々持ってますけれど、いったんはお互い路線闘争をやった身なんですよ。……いまさらそう簡単に戻れるもんじゃありません」

佐々木の弁に、今度は三浦が苦笑する番だった。

「佐々木、そんな固いこと言うな。オレとおまえの間で、そこまでの路線対立があったわけじゃないだろ……戻ってこいよ」

「待ってください、三浦さん、いくらなんでも、それで、はい、そうですかって、できることじゃないでしょ。勘弁してくださいよ。いままで通り、日学同関連の行事……憂国忌や三島研公開講座には参加しますし、手が足りないんだったらお手伝いもしますから」

佐々木は四年前、重遠社を辞めるときも、三浦をはじめ関係者に対して、重遠社からは身を引くけれども、今後も憂国忌には参加するし、三島由紀夫研究会の活動にも協力していきたい、との旨をはっきり表明していた。

三島由紀夫を尊敬する者として三島研の活動は大事だし、憂国忌は政治活動にあらず、紛うかたなく三島の追悼会なのだから、それに参加しても誰からも批判されるいわれはないはず。また、自分は日学同のOBであることに誇りを持っており、日学同グループから離れる気もない、と。

佐々木は平成三年以降、その言葉通りを実行に移していたから、三浦とは一年に一回、憂国忌のときに顔を合わせるだけの関係になっていた。

だが、三浦はいたって無頓着だった。まるで何ごともなかったかのように、「戻ってこい」と佐々木に声をかけてきたのだ。

これには佐々木も拍子抜けしたが、それを機に三浦とのあいだで、路線対立した過去のわだかまりが消え去ったのもたしかだった。重遠社への復帰こそできない相談であったが、以後、三島研や関連の活動には以前通り主体的に取り組むようになり、三浦と会う機会も多くなっていった。酒席をともにすることも増え、両者の関係は修復したといってよかった。


平成六年七月初旬、医師から、夫の余命がもはやいくばくもないと宣告されたとき、矢野順子が何より思ったのは、せめて夫を心安らかに逝かせてあげたい——ということだった。

夫の矢野潤が、東京・信濃町の慶應義塾大学病院に入院したのは一カ月前の五月下旬のこと。精密検査を重ねた末に、ついにこの日、担当医から、膵臓癌の末期で、その余命は、

「今日明日かもしれないし、三日後かもしれない。そういう状態です」

と、決定的なことを申し渡されたのだった。

覚悟を決めていたとはいえ、やはりショックは大きかった。夫には告知しないと決めていたものの、では、どうしたらいいのだろう？　最後に自分がしてやれることは何だろう？　と考えたとき、彼女は無意識のうちに行動に移していた。

彼女が真っ先に行なったことは電話を掛けることで、その相手は三浦重周であった。三浦の電話番号は、病室のベッドサイドにあった夫のアドレス帳からメモ用紙に控えていた。

三浦は前年の一月二十六日に父の敏二を病気で亡くしており、新潟で行なわれた葬儀には、矢野潤も浅岡敬史らとともに参列していた。そのお礼のため、三浦が文京区小日向の矢野宅を訪ねてきてくれたこともあって、順子とは疎遠の間柄でもなかった。

初めての電話ではあっても、彼女の行為は決して不自然でも突飛でもなかったはずだが、やはりその声は切迫した調子になっていたかもしれない。三浦はすぐに彼女のもとへ駆けつけてきた。

順子は病院近くの喫茶店で三浦と会い、すべてを話したうえで、

「お願いです。主人を日学同の皆さんに会わせてもらえませんか。日学同は主人の生きがいであり、宝でした。生涯にわたって情熱を傾けたもの……いえ、自分の命にも等しいものでした。主人も、最後にその日学同の皆さんにお会いできたら、何ら思い残すことなく、悔いなく逝けると思うんです」

と訴えると、さすがに三浦も衝撃を隠せなかったが、即座に、

「わかりました」

と請けあった。

順子は夫がどれだけ自分の手で創設した日学同に精魂込めて力を注いできたか、結婚前からそれを目の当たりにしていた。

もとよりそのことを誰よりも知る三浦も、矢野夫人の願いを知るや、さっそく日学同OBたちに片っ端から連絡をとった。齋藤英俊や宮崎正弘、山本之聞、玉川博己、高柳光明、三谷哲央、松島一夫、中西哲……といった歴代委員長や全日本学生国防会議議長をつとめた者をはじめ、いまや社会人となって各方面で活躍する日学同OBたちへ、三浦は電話を掛けまくったのだ。

すると、翌日から日学同関係者が入れ替わり立ち替わり慶應病院に矢野を見舞うようになった。

これには矢野も驚き、

「なんだ、おまえたち？　なんで来るんだ？」

と苦笑を禁じ得なかったが、後輩たちとの久々の再会はうれしかった。と同時に、この騒ぎに、癌の告知はなくても、改めて自分の真の

病状に感づいたのは間違いない。

すでにかなりの痛みとともに自覚症状があったのもたしかだが、矢野は見舞い客に弱みは一切見せなかった。

ときには久し振りに顔を見せた早大の後輩の見舞いに、

「バカヤロ、おまえは来るな。カネ持ってこい」

と憎まれ口を叩いた。

そんななか、三浦は毎日のように病室を訪れ、矢野の体を揉んだりしたものだが、矢野も三浦に対しては、

「そこじゃない。もっとこっちだ。そこそこ、そこを揉んでくれ」

と、最後までわがままの言い通しだった。

矢野順子は昭和二十四年、岩手県北上市の生まれ、地元の高校時代には生徒会長もつとめ、昭和四十四年、仙台の私大へ進学後は社会科学研究会（社研部）で活動、当時、政治や社会問題に関心を持つ若者の御多分に漏れず、早くから左翼運動に打ち込んでいた。

ガチガチの左翼である生徒会指導の高校教師の影響も大きかったのだが、高校を卒業するころから、少しずつ疑問が生じ出した。大学へ入学し社研部で活動するようになると、そうした違和感は次第に膨らみ、夏休みに入ったころ、行き詰まってしまった。

そんな矢先、帰省先の故郷北上でバッタリ再会したのが、高校以来の親友だった。早大へ進学していた彼女もまた、夏休みで帰省していたのだった。

親友である順子の悩みを聞くなり、彼女は、

「それなら、いっそ東京に出てくれば……狭いけど、私のアパートに来ればいいでしょ」

と、事もなげに言ってのけた。

その誘いに順子もその気になって、すぐさま実行に移した。仙台の大学に休学届を提出して上京、親友の住む早稲田の四畳半一間のアパー

トへ転がり込んだ。

親に勘当され、仕送りもない順子は早急にアルバイトをする必要に迫られた。

そんな彼女の窮状を察して、親友が、

「アルバイトを募集している喫茶店が、早大のすぐ近くにあるんだけど、そこ、行ってみる？」

と、アルバイト先まで紹介してくれたのだった。

「ええ、私としては明日からでも働きたいと思ってるから」

「でも、そこは〝右翼喫茶〟って言われてる店で、あんまりあなたに薦められるとこではないんだけど……」

「この際、贅沢言ってられないわ。ともかくバイトしなきゃ、やっていけないから。どこでも私、面接に行くわよ」

その喫茶店は、早大の正門を背にまっすぐ東に伸びる早大正門通りを四百メートルほど行った左手にあった。二階建の瀟洒な店で、一階の正面には城の石垣を思わせるような石組みの装飾が施されていた。

それこそ彼女にとって運命の出会いが待つ喫茶店「ジュリアン」であり、彼女を待ち受けていた店のオーナーこそ、矢野潤であった。

彼女は即採用となり働けることになったのだが、つとめだしてわかったのは、なるほどそこは聞きしに勝る〝右翼喫茶〟だった。連日、早大生を中心に日学同の学生たちが通って溜り場となっており、あたかも日学同の第二事務所の様相を呈していた。

矢野潤は昭和十四年、名古屋に生まれ、早大商学部卒業後、同大大学院に進み国際関係論を専攻、「ジュリアン」を経営する傍ら、日学同の創設に深くかかわった。

日学同の結成は昭和四十一年十一月十四日のことで、その発会式は東京都千代田区の尾崎記念会館において、都内二十三大学から二百三十名の学生を結集して行なわれた。日学同誕生のきっかけとなったのは、前年十二月、第二学生会館問題、大学当局の学費値上げ提示に端を発して火の手のあがった「早大紛争」であった。

《延々、百五十日に亘る早稲田紛争を通して、あるいは、間断なく繰り返される街頭デモに、われわれは、日頃から、深い憤を覚えていた。

〃五％の組織された人間は、九十五％の未組織の人間を動員し得る〃とは、何処かの国の革命家の言葉であるが、われわれは、組織されない人間のひ弱さをしみじみと味わってきた。しかし、その無力感にいつまでも浸っている訳にはいかない。日本学生同盟は実にここより起った》（『日本学生新聞』昭和四十二年二月七日創刊号）

このとき、スト反対・学園正常化を掲げて立ちあがった「有志会議」（早稲田大学有志会議）が日学同の母体となり、この有志会議が発展的に解消して「早学連」（早稲田大学学生連盟）が誕生、日学同の前身となった。

有志会議、早学連のときから、その連絡先——いわば事務所代わりとなったのが、一貫して運動を指導してきた矢野の経営する「ジュリアン」であった。

矢野が「ジュリアン」を開店したのは大学院生時代のことで、もともと店があったところは矢野の下宿先だった。

同じ早大生の矢野の実兄と実弟も同様に下宿した家であったから、矢野はそこの主人夫妻とは家族同然の付き合いをしていた。彼らには子どもがいなかったこともあって、主人が病気で亡くなったとき、死に水をとったのも矢野だった。

その主人は同地で簡易郵便局を営んでいたのだが、跡を継ぐ者もなく、そのスペースが丸々空くことになり、

「誰か借りてくれる人はいないものかしら？」

と、老未亡人から相談された矢野は、ほうぼ

う当たることになった。

だが、結局借り手は見つからず、

「それなら自分が喫茶店をやろう」

と始めたのが「ジュリアン」だった。

開店資金は九州に本社を置く大手海運会社から融資を受けた。その御曹司が矢野の早大の同級生で親友であったことが幸いしたのだ。

店名は矢野の命名で、スタンダールの『赤と黒』の主人公ジュリアン・ソレルから採ったものだった。

早大正門近くという立地条件もあって、店は学生で賑わい、繁盛した。オープン当初は〝右翼喫茶〟どころか、早大生だった吉永小百合も訪れたし、早大紛争の中心的担い手となった「全学共闘会議」の議長をつとめた大口昭彦ら社青同解放派の連中もよく来店し、呉越同舟の趣があった。

が、昭和四十四年夏、順子がアルバイトで入った時分には、店はオーナーのカラーが色濃く反映され、日学同メンバーの絶えざる出入りがあって、〝右翼喫茶〟なる風聞が飛ぶようになっていた。

順子が「ジュリアン」で働きだすや、たちまち常連客のマドンナ的存在となり、なかには彼女目当てに日参する輩も出てきた。順子にすれば、矢野をはじめ、来店して矢野と議論を交わす日学同の学生たちのような存在とは、いまだかつて接したこともなく、何もかも初めて知る世界であった。

高校生のとき生徒会で指導を受けて、強く影響を受けのめり込んだ高校教師とはまるで違う考えかたが、そこには展開され、

〈世の中にはこういう人たちもいるんだ⁉〉

と目を見開かされる思いがした。自分の言うことなすことも矢野によってすべて粉砕され、大袈裟に言えば、世界観がひっくり返るような衝撃があった。

男子学生に伍して生徒会長や社研部の活動を

バリバリこなしてきた延長上に、何でもハッキリと物申す彼女に対して、矢野は辛辣だった。

「そんな汚いジーパンを穿いて、黒ぶちの眼鏡をかけてマスカラのマの字も知らないような田舎の娘が何を言ってるんだ。議論をするのはいいよ。けど、女は女らしくきちんとやさしく自分の意見を言いなさい。そんな男だか女だかわからないような格好して、男言葉を使って歩いても、何の魅力もないよ」

それはいままで誰にも言われたことのないような言葉だった。彼女にすればショックであり、反発心も起きたが、一方で、どこか新鮮な気持ちにもなれた。

だが、十歳年上の矢野に対して、最初から恋愛感情があったわけではなかった。

それが店につとめ始めて三カ月ほど経った十月、ちょうど彼女の二十歳の誕生日のとき、矢野から思いがけないことを告白される。

「あなたはまだ若いからいますぐというわけではないんだけど、結婚したいと思っている。承諾してもらえないだろうか？」

矢野らしいストレートなプロポーズであった。これには順子も、まるで意想外のことだったので、深刻になるより、おかしさが先に来て、

「ええっ⁉　とんでもないです。矢野さんのことを、私は先生とも兄とも思ってました。結婚なんてとても考えられません」

と笑いながら応えてしまった。

矢野は内心で、

〈何だ、人が真面目に話してるのに、この娘は……〉

とムッときたが、顔には出さず、

「オレは本気で言ってるんだよ。まあ、考えといてくれないか」

とあくまで真顔で迫ると、彼女もようやく笑いを引っ込め、

「私は休学中の仙台の大学に間もなく戻るつも

りで、復学届も出しました。戻ってまた仙台で一からやり直そうと思ってます。卒業してもまだそのお気持ちが変わらないようでしたら、そのときは考えます」

とあらためて応えた。

そして仙台へ帰る日、順子は上野から仙台行きの急行列車に乗った。すでに荷物は仙台の大学の寮へ送ってあった。

その列車の中で、彼女はつらつら考えた。果たしてこれで良かったのだろうか、と。

〈このまま仙台に帰り大学に復学してしまったら、たぶんあの人と結婚することはないだろうな……〉

なんとなくそんな気がした。

それを自分は本当に望んでいるのかどうか。矢野との縁が切れてしまうことを……。

〈やっぱり東京に戻ろう！〉

彼女の気持ちは、このとき、はっきり決まったのだった。

彼女は仙台に着き、学生寮に戻るなり、届いていた自分の荷物を再び東京へ送り返した。そのうえで、

「大学に復学しようと思ったけど、やめます。やっぱり東京に戻ります」

と矢野に電話を入れると、

「えっ⁉」

矢野は絶句し、次の言葉がなかなか出てこなかった。それでもハッと我に返ったように、

「ダメだ！　そんなことをするな。親を泣かせるようなことをしちゃいけないよ」

と強い口調で言い、思い止まらせようとしたのだが、

「いえ、戻ります。もう決めたんです」

彼女の決意は堅かった。それこそ矢野のプロポーズに対する彼女の答えにほかならず、文字通り、もう後戻りしないという不退転の表明であった。

東京に戻ると、彼女は再び「ジュリアン」を

手伝うようになった。

そこで日々繰り返される矢野と日学同の学生たちとの親密な交流を見るにつけ、改めて思い知らされたのは、矢野の日学同に対する並々ならぬ情熱であった。早大合気道部出身の武道家でもあった矢野を、

「堂々たる体躯の持ち主で、眼光は鋭く、半月形の細い目は仏像の持国天像を思わせる迫力があった」

と評した片瀬裕も、順子と同じ昭和四十四年大学入学組で、入学と同時に日学同に飛び込み活動を始めていたから、「ジュリアン」デビューは彼女より少し早かった。

《考え方は柔軟で平衡感覚に富み、民主主義を重んじられていたが、単なるデモクラットとは截然と異なり、何よりも生粋の日本人であった。我々は相談事があると、ジュリアンの閉店時間をおしはかって矢野さんを訪ねたものだがいつも親身になって相談相手になって下さった。ジュリアンの売り上げも大半は日学同の活動資金に投じられていたようだ。

筆者は住まいも近かったせいもあってしばしば深夜のジュリアン詣でを繰り返した一人だが、夏の夜などはビールを飲みながら表が白々と明けるころまで該博な知識を披瀝され、興味深くお話を拝聴した。ときには議論を闘わせたこともあったが、十歳も年下の小僧っ子の意見を尊重して下さった。思い出すのは、よく諸葛孔明の故事や、中国人民解放軍の「八項規律、三大義務」を引きあいに出して政治運動の要諦を語られたことである》(三島由紀夫研究会編『「憂国忌」の四十年』所載＝片瀬裕「高揚する新民族派運動」＝並木書房)

こうした「ジュリアン」詣での活動家のなかに、三浦重周の姿も見られるようになったのは昭和四十五年春からのことだが、順子にすれば、ほかのメンバー同様、気軽に話しかけられる相手ではなかった。

「ジュリアン」の従業員やアルバイターは、朝出勤すると、テーブルの上にズラッと並んだ空のビール瓶を片づけることから仕事は始まった。朝方まで繰り広げられたオーナーの矢野と日学同メンバーの議論と宴の名残りであった。

店がいくら繁盛しても、その売り上げのほとんどが矢野によって日学同の活動資金に投じられるため、店の仕入れや従業員の給料も払えなくなり、給料日近くになると、テレビや家電製品、腕時計から服の類に至るまで、矢野家の金目の物はすべて質屋へと消えた。

順子はアルバイターの時代からそれを目の当たりにしてきたし、結婚したばかりのころ、何かの拍子に、仏壇の引きだしにあった夫の遺書を見てしまったことがあった。

そこには保険金など自分の遺産の相当件数を日学同の受取りとすることが明記されていた。

そのことを知ったとき、彼女は強く胸打たれるものがあった。

〈この人は、どうしてこれほどまでに日学同の運動に情熱を注げるのだろうか？　私財を投げうって、形のないものに、ここまで自分の魂を打ち込める人って、いったいどういう人なんだろうか!?〉

矢野と順子が、戦前、近衛文麿首相のブレーンで昭和研究会（会員に後藤文夫、三木清、尾崎秀実、笠信太郎、大河内一男ら）を主宰した後藤隆之助夫妻の媒酌で、名古屋のキャッスルホテルにおいて結婚式を挙げたのは昭和四十七年のことだった。

多彩な顔ぶれの来賓がつぎつぎと寿ぎ、順子は矢野の人脈の豊かさが前途を照らしてくれるように思えた。しかし、華やいだ披露宴がお開きとなると、新婦はやがてつかの間の夢心地から覚め、現実を思いしらされる。

新郎と同ホテルの一室に籠って最初に手掛けた共同の営みは、集まった祝儀袋を解き、お祝金を集計することだった。矢野に促されるままに、順子は翌日に実行する振り込みの準備をせっせと行なった。ムードもないまま、夢はかき消されていった。送金先は『日本学生新聞』の印刷所や家主といった、日学同の関係先がほとんどだった。

この平穏のうちには済まなかった新婚の初日に暗示されるように、結婚後の彼女は、夫の事業が倒産したり、また成功したり、浮き沈みが激しく、ジェットコースターさながらの人生を余儀なくされることになる。事業がうまくいかなくて資金援助もできず、日学同からしばらく遠ざかっていた時期もあったが、矢野が最後まで絶えず気にかけていたのは日学同のことであった。

矢野は妻や子どもたちにもよくいろんなことを話して聞かせるタイプであったから、おのずと順子も、夫を通じて日学同のことはなんでも知るようになっていた。主だったメンバーの人物像、就職や恋愛、近況などで、夫の口から彼らへの悪口が聞こえてくることはなかった。

日学同を、上部団体を持たない純然たる学生組織として位置づけ、大学を卒業したら就職するのが基本――と考えていた矢野は、ひとり就職もしないで運動を続ける三浦のことを最後まで心配していた。

「あいつが司法試験に落ちるのは字が汚いからなんだよ。あれだけの頭脳の持ち主がなあ。三浦は何だって就職もしないであんなに意地になって日学同の運動を続けるんだろう? オレにカネがあれば、もっとなんとかしてやれるんだがなあ……」

夫がどれほどの思い入れを日学同に対して持っていたか、ずっと側で見て知っているだけに、担当医から余命いくばくもないと告げられたとき、彼女が真っ先に三浦に連絡したのはごく自然の行動であったろう。

かくして「ジュリアン」詣でをしたメンバーのほとんどが慶應病院に赴いて矢野を見舞い、

三浦は連日病院に詰め、師の世話を焼いたのだった。

順子は胸中で皆に手を合わせた。

矢野が薬石効なく永遠の眠りについたのは、平成六年八月八日午前九時五十三分のことだった。享年五十四。

葬儀は八月十日午前十一時から東京都文京区内の自宅で矢野家並びに日本学生同盟の合同葬として執り行なわれ、前日の通夜と併せ四百人を超える会葬者を数えた。

葬儀委員長をつとめた三浦が、こう弔辞を述べた。

「矢野先生、あまりにも早い突然の訃報に接し、われわれ門下生一同、驚愕の念を禁じ得ませんでした。われわれ門下生一同はそれぞれ先生の薫陶を受けた時期こそ異なれ、先生の創建された日本学生同盟の大緑旗の下、青春の真っ盛り祖国日本の革新に向けて熱い情熱を滾《たぎ》らせともに闘いました。先生の祖国日本の真姿顕現に向けた熱誠が、生まれも育ちも異なるわれわれをひとつの魂の下に結びつけ、そして先生の公私に亘る御指導があればこそ、われわれは今日あるを得ました。

……日本学生同盟創建によって巻き起こった新しい学生運動の波は津波の如くたちまち全国を席巻、単なる『反左翼』の運動から『国家革新』をめざした新しい民族運動の創始は、いまなお特筆大書されるべき偉業として戦後国家主義運動史上に不滅の光芒を放っております。日本学生同盟創建から草創期における先生の縦横無尽の機略と獅子奮迅の活躍は、永く記憶され語り継がれていくことでありましょう。先生が一切の私事を犠牲に供し私財を投じて創始された新しい民族運動は、その後、学生運動から青年運動へ順次段階的に発展し、大緑旗は新たな青年学生に担ぎ継がれ、今日、戦線を急拡大しつつあります……」

西武新宿線野方駅改札口前で別れるとき、三浦はいきなり強く抱きしめてきた。それは親愛を込めた外国式のハグと呼ばれる挨拶であったのかもしれない。

そんなことは初めてのことだった。しかも、その抱擁《ハグ》は少しばかり長く、同じ歳の同志・阿曽白志《ひろし》が見ているばかりか、大勢の電車の乗降客の前で、とても恥ずかしかった。

だが、正木和美が恋に落ちたのは、紛れもなくこのときだった。二十六歳。平成四年一月二十五日という日にちまで憶えているのは、まさにこの日が忘れられない日となったからだ。

最初は重遠社の代表として、十六歳も年上の仰ぎ見るような存在であった。それが身近な尊敬できる憧れの人に変わったのは、前年の秋ごろからだった。彼女が三島研の事務局長を任されたことで、イベントや打ち合わせ、飲み会などで三浦と顔を合わせる機会がグンと増えたことによる。

この日は三浦、新青同・国防問題研究会幹部の阿曽と三人で、野方駅前の居酒屋で飲んだ帰りだった。この時分、三浦は中野区野方のアパートに引っ越したばかりで、同じ西武新宿線沿いに住む正木、阿曽の三人で帰り途に野方の酒場で飲むことが多かったのだ。

その酒場を切りあげ、帰る段になって、三浦がふたりを駅まで送った際、少々酒に酔ったのか、「お嬢」と呼ぶ正木への思いがけない振舞いとなったのだった。

彼女は最初驚き、すぐにそれがときめきに変わり、はっきり三浦への恋心を意識する最初となった。

正木和美が初めて憂国忌に参加したのは昭和五十五年、高校一年生のときで、三鷹駅前で「三島由紀夫追悼十年祭」と銘打たれた憂国忌のポスターを見てのことだった。

彼女が三島由紀夫を強烈に意識するようになったのは、前年の中学三年生の秋、生長の家の信者だった祖母から三島の話を聞いたのが始まりだった。

その日、生長の家の講演会から帰ってきた祖母は、興奮冷めやらぬ面持ちで講演内容を正美に語って聞かせてくれたのだ。そのとき講師となった生長の家幹部こそ、三島由紀夫とともに決起した元楯の会会員の古賀浩靖で、古賀は事件当日のことを話したのだ。

「そんな高名な作家がどうして自衛隊で自決を?」

祖母の話に、不思議に思った彼女は、三島に興味を抱き、その著作を片っ端から読み始め、次第にのめり込んでいった。

追悼十年祭にはじまり翌年から毎年憂国忌に参加しだし、短大入学後は三島研公開講座にも出席するようになった。第十四回憂国忌に参加した後に初めて多磨霊園の三島の墓前奉告祭に列席し、正式に三島研の事務局入りしたのは翌五十九年一月、十八歳のときだった。


それからというもの、彼女は三島研公開講座、文学セミナー、憂国忌などイベントの企画、準備、広報、運営、会報作りなどに夢中で取り組んだ。

彼女にすれば、そのころの三浦は雲の上の存在で、よく話をしたのは日学同OBで三島研直属の佐々木、宮川、飯沼、同期の亀井、石橋、国防研の阿曽らだった。熱心に三島研の活動に取り組む彼女に対して、仲間はもとより三島研関連の文芸評論家などの文化人も好意的で協力を惜しまなかった。

だが、昭和六十三年から平成三年にかけて、三島研事務局の主要メンバーがかなり辞めていく事態となった。重遠社の路線闘争で佐々木、宮川ら幹部グループが離れていったことも影響したのだ。そのなかには正木が信頼し慕っていたメンバーも多く、彼女のショックも大きかった。

そんな最中、三浦から、

「正木、三島研の事務局長をやってくれないか」

との打診があり、彼女は面喰らってしまう。平成三年八月十三日に開催された重遠社総務会の席上のことで、

「とてもやれる自信がありません」

と尻込みする彼女に対して、三浦は、

「全力で支えるようにするからやってくれ」

と重ねて頼み込んだ。

その言葉に、彼女もようやく引き受ける決心がついたのだ。

三島研事務局長に就任した正木は、持ち前の真面目さと責任感の強さで頑張り、意欲的に動いた。代表幹事の石大三郎をはじめ三島研幹事会の新メンバーも、全面的に彼女をバックアップし、ガタガタになっていた危機的状況をなんとか乗りきった。

同年秋の憂国忌も、入場者数は例年を上まわり成功裡に終わった。

同じころ、長年勤務していた老人ホームにおいて、ずっと世話を続け、他人とは思えないほど身近に感じていた高齢者が、相次いで五人も死去したことで、正木は大変なショックを受けた。落ち込みかたもひどく、

「もうこの仕事は続けられない」

と決断し、年末には辞職を決めたほどだった。

いわばピンチを迎えていた三島研と重ね合わせるかのように、彼女自身もどん底の状況であったわけだが、それを乗り切ることができたのも、彼女を支えてくれた三浦の存在が大きかったかもしれない。

三島研事務局長となったころから、正木は立場上、高田馬場の事務所近辺の居酒屋で、三浦を含めた皆と酒を飲む機会が格段に増えた。三浦がよく一緒に飲んだのは、奇しくも同じ正光の名の川崎、小川という三浦より年上の重遠社幹部で、正木もそのメンバーに加わることが多

かった。

事務所の仕事のあとで、三浦に誘われて初めてふたりで神田川沿いを散歩したのは、平成四年が明けてすぐのこと、人見知りするタイプの彼女にとって、異性とふたりだけで二時間も同じ時を過ごして、少しも苦にならず緊張もせず、楽しくリラックスできたというのはかつてなかったことだった。

やがて三浦に対する憧れの気持ちは、野方駅改札口前でハグされたときから、恋に変わった。

仕事を辞めたこともあって、正木は三浦とふたりで過ごす時間がグンと増えた。事務所で頻繁に顔を合わせたばかりか、神田川沿いを一緒に散歩したり、都内、近郊の神社仏閣の散策や花見などにも出かけたり、彼女にとってほかにかけがえのない時を三浦とともに過ごした。

同年三月、東京に桜の咲くころから、どちらからともなく「死」について話すことが多くなった。

四月二十一日、ふたりで事務所からの帰途、西武新宿線の電車のなかでの会話――。

「オレはおまえに刺されて死ぬんか」

「代表殺しても得るものがない。金丸信を殺したほうが喜ぶ人多い」

「オレに保険かけて、三浦さんに金返してもらえなくて、カッとしたから刺したと言えば三年だぞ！　金丸殺したら十二年だ（笑）」

「代表刺して、私も死ぬ」

「それじゃ心中じゃないか。それもいいなあ」

「神田川に飛び込む？」

「汚いからな。多摩湖がきれいでいいぞ」

「多摩湖もいいけど、日本人だから刺すほうがいい」

「いつがいい？　オレは明日でもいいぞ」

「私は文学セミナー、一一・二五が終わってから。でも代表、重遠社はどうするの？」

「残ったヤツらでやるさ」

それはふたりにとって極めて自然な会話であった。ふたりの意識のなかで「死」も「自殺」もタブーではなく、いつも隣り合わせに住んでいる仲良しの友人という感があった。

正木もつねに、

「大好きな人と最後に死ねるならとてもいい。その死に場所が好きな海ならもっといい」

という内なる声を聞いていた。

結局このとき、ふたりの間で取り決めたのは、決行日を二年半後――平成六年九月十日前後か十一月二十五日後としたことだった。

ふたりは二年半後の心中を決めて指切りを交わした。

このころ、ふたりはまた、せっせと歌作りに励むようになっていた。正木が四月から通いだした専門学校で、短歌部に入ったことがきっかけだった。

正木は授業を終えた後、夕方、事務所に顔を出し、居あわせた三浦にそのことを話すと、

「へえ、短歌か……そりゃいいな。オレも作ってみたいな」

と興味を示したのだ。ほかに事務所には誰もいなかったので、正木は、

「じゃあ、代表、いまから作りましょうよ」

と提案し、さっそく部屋の窓を開け、外の風景を詠むことにした。その日から、ふたりの短歌作りが始まったのだった。

五月十七日、埼玉・狭山の高麗神社を散策したときに詠んだふたりの作は、

高句麗の王にあやかり　手を合わす
　緑あざやか初夏の風吹く（三浦）
高句麗の王にあやかり　手を合わす
　君の心よ　祖国に伝われ（正木）

正木が夏休みにひとりで萩、松江、佐渡と一週間旅行した際に詠んだ歌にあわせて、彼女の帰京後、三浦も歌を作ったことがあった。

(吉田松陰墓前にて)
先達の墓詣でては　やりきれぬ
　思い伝わり　手を合わす (正木)
志士の墓　花を供えれば胸熱く
　永遠の静寂に　夏雨烟る (三浦)

(北一輝墓前にて)
花もなき　墓を見つめつつ　君を偲ぶ
　想い受け継ぎ　手を合わす (正木)
むせかえる稲穂の香り　しばし過ぎ
　静みの森に　志士一人眠る (三浦)

三浦が事務所の真ん中の部屋で、
　赤々と燃えに燃えにし我命
　　誠の道を知るは神のみ
という辞世のひとつを詠んだのも、この年十月九日のことで、四十三歳のときだった。
　正木のなかで、何をおいても三浦が大切な存在となり、
〈これからも代表の側にいたい。そろそろ結婚したいな……〉
　と意識するようになったのは、このころからであった。
　一年間ずっと一緒の時間を過ごし、人づきあいの苦手な彼女にとって、三浦ほどホッとでき、楽に呼吸できる相手もいなかった。
　平成五年一月二十六日、闘病中だった三浦の父敏二が亡くなり、その葬儀に参列するため、正木は矢野潤、浅岡敬史とともに三浦の実家へと赴いた。
　帰京後、三浦への抜きさしならぬ思いを、三浦と仲のいい浅岡に打ちあけ相談したのは、新潟で初めて吹雪を見たことと、三浦に紹介された兄の敏雄から、
「歳が離れすぎてるな」

と言われたことが、彼女の気持ちに火を点じたのかもしれなかった。

どういうわけか、この時分、バイト先の社長や習いごとの先生から気に入られ、お見合い話がいくつか舞い込んでいた。それをすべて断っていたのも、三浦以外の人間との結婚は考えられなかったからだった。

浅岡はそんな彼女の思いを理解したうえで、

「わかった。三浦さんにあなたの気持ちを話してみるよ」

と請けあってくれた。

後に、彼女が浅岡から聞かされたのは、

「良寛の弟子に貞心尼って女性がいる。あるいはフランチェスコと弟子の関係……三浦さんはそんな気持ちみたいだよ。本を読んで調べてみて」

とメッセージを伝えた。

正木はこのあと三浦からも直接、

「おまえがオレのこと好きなのはわかってる。だけど、結婚はできない。オレ、死にたいから」

と言われ、ショックを受ける。

彼女がショックだったのは、三浦の宣言以上に、このとき、

「私も死にたいから、じゃあ一緒に」

と、どうして返せなかったのだろう——という悔悟があったからだ。

ひどい落ち込み状態で死にたくなった彼女が、福岡行きの夜行バスに飛び乗ったのは、三月のいつのことであったろうか。

朝、福岡に着くなり電車に乗って、いままで行ったこともない土地で降り、海を目指した。名も知らぬ海岸に座り込んで、日がな一日、海を見て過ごし、夜は近くのビジネスホテルに泊まった。

翌日、久留米にいることがわかり、近くに真木和泉の資料館があることを知って、同館へ足を延ばした。資料を見ているうちに、やはり思

い出されるのは三浦のことで、無性に東京に帰りたくなってその日のうちに帰京した。

久しぶりに高田馬場の事務所へ顔を出した正木に、三浦が、

「おまえ、どこへ行っていたんだ?」

と怒ったように訊いてきた。

「海を見に行ってたんです」

「海?……本当か?」

「ええ」

「そうじゃないだろ。どこだったんだ?」

三浦がそんなに執拗に問い質すのは珍しかった。

「いえ、海です」

「ふーん……そうか……」

納得しかねるふうではあったが、三浦は何かを察したようにそれ以上訊こうとしなかった。

六月になって、彼女は柏崎まで出向いて図書館や記念館をまわり、浅岡に教わった良寛と貞心尼のことを調べた。

ふたりの出会いが良寛七十、貞心が三十のときと知って驚くとともに、歌のやりとりなど、細やかな愛情を感じずにはいられなかった。そしてふたりの交流を、自分たちのそれに似ていると感じたのもたしかだった。

九月十四日、彼女の二十八歳の誕生日。三浦とふたりだけで、多摩湖、西武園へ行き、武蔵大和から電車で小平に降り、一日のんびりデートできたのが、三浦からの何よりのプレゼントとなった。

三浦が二作目の辞世を詠んだのは、その二カ月後の十一月二日のことで、たまたま正木が高田馬場駅前の大きな文具店で気に入りのカラー色紙を見つけて購入したのがきっかけだった。

彼女が、

「何か書いて」

と頼んだところ、三浦が事務所でスラスラとサインペンで書いたのが、

人として大和に生まれ　男なら
究め尽さむ皇國の道

という歌で、

「これ、オレの辞世だから、おまえ、大切に持ってろよ」

と、正木に手渡したものだった。

平成六年に入ると、正木は三浦と会う時間をめっきり取れなくなった。ずっと求職活動を続けてきてようやく前年八月に就職が決まり、その仕事が滅法忙しくなったからだった。念願の仕事に就けてやりがいもあり、彼女は遮二無二働いたのだ。

そんな彼女が、同年秋になって思い出したのが、二年半前に三浦と交わした「死の約束」であった。この九月十日前後か憂国忌の後に一緒に死ぬ——という約束で、彼女は、

「代表その気なら決行してもいいな」

と軽い気持ちで考えた。

一方で、同じころ、彼女の祖母の認知症も進行しだしていた。自分の行なったことや人の名を忘れていく祖母を見るのが悲しく、おばあちゃんっ子の彼女は、

「祖母が私を覚えているうちに結婚したい」

との思いを痛切に抱くようになった。

秋のある日、意を決した彼女は三浦の住むアパートへ赴き、三浦に、

「もうずっと付きあってるし、そろそろきちんとしたいんです。私と結婚して」

と迫った。三浦が四十五、正木二十九歳である。

彼女は祈るような思いで、三浦の返事を待った。

だが、三浦から返ってきたのは、彼女には思いがけない言葉だった。

「……十年待ってくれないか」

〈えっ?〉

彼女は落胆し、頭の中が真っ白になった。

〈二十九の私に、十年待てってって、何？　いつものように、オレは死にたいから結婚しない――って、どうして言ってくれないの？……〉

三浦は彼女を強くハグしてきたが、彼女にすれば、それさえ悲しかった。

彼女はその後も憂国忌、墓参、三島研公開講座へは定期的に参加したが、三浦と顔を合わせるのがつらくて、事務所からは自然に足が遠のいた。それでも三浦は彼女と会うたび、変わらぬ笑顔を見せた。

第四章　唯我一人《ただわれいちにん》ノミ能《よ》ク救護《くご》ヲ為《な》ス

平成二年夏、札幌で開催される友好団体の政治集会へ出席するため、一水会書記長の木村三浩と同行した八千矛社の犬塚博英は、道中、木村から思わぬ相談を受けた。

「何っ？　鈴木邦男さんへのテロ宣言だって？」

「そうなんですよ。この間、会長が出した本（『新右翼』）が、彼らの逆鱗に触れたようなんです」

「鈴木さん、また何か、彼ら——日学同の怒りを買うようなことを書いたのか？」

「いいえ、かつて日学同が森田必勝さんを除名したいきさつと、除名しておきながら三島先生と森田さんを祀りあげて憂国忌をやるのはおかしいじゃないか、という民族派陣営内の批判もある云々ということを書いてるんですが……」

「それでテロ宣言か……」

「ええ、鈴木邦男をテロらなきゃいかん、と決まったというんですが、どうしたもんでしょうかねえ？」

犬塚に相談といっても、木村の様子は少しも深刻そうではなく、むしろ余裕をもった口ぶりであった。

そのことに、犬塚は少しばかりひっかかるものがあった。

「おい、木村よ、どうしたもんでしょうかねって、おまえ、悠然と構えている場合じゃないだろ。そりゃ、組織同士、お互いに非難合戦だとか、あいつをやっつけてやろうという話はあったとしても、テロというのはちょっと穏やかじゃないぞ。しかも、おまえ、ナンバー2として仕えている身で、それを笑って聞き流すっていうのはおかしいんじゃないか」

犬塚のビシッとした物言いに、木村も我に返ったように、

「言われてみたら、その通りですね」

と、口元を引き締めた。

「言動っていうのはつねにリアクションがあるんだから、守る準備もしなきゃいけないってことだな。事務所も用心しといたほうがいいし、万が一にもやられないように、鈴木さん自身も注意するよう、おまえからもよく言っとけよ」

「わかりました」

犬塚に言われて、木村もようやく真剣な顔になった。

だが、犬塚は、嘘か真か、テロ宣言など出す日学同の了見も気に入らなかったが、それを笑い話のように話す木村にも苛立ちが募って、よけいムキになってしまった。

札幌に着くや、木村のいないときを見計らって、同行した一水会の若手たちをつかまえ、

「おい、テロ宣言の話は聞いたぞ。木村に内緒でいいからな。日学同——重遠社の、むこうの責任者、こっちから先にやっちゃえよ」

と発破をかけた。

「はい、やります」大先輩の言葉に、一水会の若手たちは気合いを入れて応えた。この時分、一水会には若手のバリバリの武闘派が結集していた。

「ところで、向こうのトップは何てヤツなんだい？」

「三浦重周って人です」

犬塚にすれば、名前だけは知っていても、まるで交流のない人物であった。

「じゃあ、その三浦ってヤツを探して、殺さない程度に鉄パイプで足かなんかを叩き折ってこいよ」

と、かなり思いきり空気を入れた。

師の中村武彦から継承した「八千矛社」を主宰し、都内の有力右翼団体幹部が集った「民族革新会議」（民革）の事務局長をつとめる犬塚にとって、それは本来、自分とは関係のない民族派団体同士のいわば〝内ゲバ〟であり、首を突っ込む筋合いのものでもなかった。

だが、鈴木邦男とは大学のとき以来、同じ全国学協に籍を置いて民族派学生運動に取り組んできた仲であり、大学卒業後はともに一水会を結成した古い仲間であった。木村三浩にしても、彼が運動に飛び込んできた時代からよく知る可愛い後輩であっただけに、相談されれば放ってはおけなかった。

「けど、犬塚さん、今度の件は三浦さんというより、新青同の佐々木って人物が、向こうの若手部隊のリーダー格で、彼が中心のようなんです。彼ら新青同・日学同と、自分らとは年中ポスターやビラの潰し合いをやってるような状況ですから」

「ふーん、そうか。じゃあ、その佐々木ってヤツをやっちゃえよ。守るだけでなく、先制攻撃しろよ」

自身も若い時分は名にしおう武闘派であった犬塚は、久しぶりに血の騒ぎを覚えたのか、一水会の若手たちを存分に煽った。

それにしても——と、犬塚は因縁ということに思いを巡らせずにはいられなかった。

もう離れて久しいとはいえ、犬塚もそのひとりである一水会の結成に参画した草創期メンバーはいずれも民族派学生運動出身者で、鈴木といい、犬塚といい、学生時代は全国学協幹部として、日学同とは激しくヘゲモニーを争い、内ゲバを繰り広げた間柄であった。

七〇年安保を目前にして、まさに全国的に新左翼学生運動真っ盛りの昭和四十三年四月、九州福岡出身の犬塚は長崎大学経済学部に入学、民族派学生運動に身を投じ、教養部、経済学部の自治会委員をつとめ、民族派全学連準備委員長、全国学協書記長などを歴任。大学生活の大半を東京・長崎を往復し、全国を奔走、その過程で余儀なくされた新左翼党派との闘いは言うに及ばず、ライバル日学同との衝突の際も武闘派の犬塚はつねに先頭に立ってきた。

三島由紀夫、森田必勝事件が起きたとき、その数日後に追悼集会の開催を打ちあげた日学同に対し、全国学協を代表して抗議を申し入れたのも、犬塚であった。

池袋・豊島公会堂で「追悼の夕べ」が開催される数日前、犬塚は日学同本部に電話を入れ、山本之聞前委員長とふたりだけで高田馬場駅前の喫茶店「白ゆり」で会った。

そこで犬塚は、

「森田必勝氏を除名した日学同には追悼行事を行なう資格はなく、厳粛な死を政治利用すべきでない」

と強硬に申し入れた。

ふたりは初対面であったが、終始感情的になることもなく、互いの意見によく耳を傾け、冷静に話し合った。

犬塚の申し入れに対し、山本は、

「三島・森田の政治的な死を《政治的に利用する》ことこそ、故人の遺志であり、遺された者のつとめ」

との見解を示し、結果的に話し合いは物別れに終わったものの、犬塚に不快感は残らなかった。

噂に聞く山本之聞は、論理的ではっきりした物言いをする人物であったが、尊大なところはみじんもなく、何より誠実さが感じられたのだった。

結局、日学同と全国学協の確執はその後も矛が収まらず、三島・森田事件の裁判支援闘争の主導権争いともなって、公判の際には、両者は東京地裁前で乱闘騒ぎまで引き起こしていた。

そうした因縁が巡り巡って、あれから二十年経ったいまも、全国学協や楯の会の流れを汲む一水会と日学同の後輩たちの間で対立関係が継続しているのかと思うと、犬塚には感慨深いものがあった。

実際、話を聞いてみると、高田馬場駅を挟んで西に一水会、東に日学同の事務所があり、両者は民族派学生青年戦線のライバルとして互いに一線を引き、「高田馬場の三十八度線」と呼ばれるような、ある種の緊張を孕んだ関係にあるというのだ。

集会等のポスターを貼るテリトリーでも競合し、両者は激しいポスターの潰し合いを行なっていた。たとえば、一水会のポスターが貼ってあったはずのところが、いつのまにか日学同のものに替わっていたかと思えば、翌朝にはまた一水会のポスターになっている、という具合だった。

いまだ内ゲバこそ起きていなかったが、一水会や新青同・日学同ともども元気いっぱいの若手が揃っており、いつぶつかってもおかしくないような状況になっていた。

そこへ真偽の程は定かでないにせよ、今度の「テロ宣言」であったから、事態はいよいよ怪しい雲行きになりつつあった。

そんな折、両者の緊張関係を心配して、犬塚に、

「ワンちゃん、三浦さんに会ってやってくれよ」

と話を持ち込んできた者があった。

犬塚を「ワンちゃん」の愛称で呼べるほど旧知の間柄である原田泰壽であった。

原田は昭和二十二年生まれで国士舘大学出身、民族派組織を主宰し、三浦重周とも仲が良かった。三浦とは五年前から森田忠明ら民族派有志が執り行なうようになった紀元節奉祝式典

で知り合い、直会の席で隣り合わせたのをきっかけにすっかり気の合う仲となっていた。

「ワンちゃん、彼は控えめな男であまり表に出ようとしないタイプなんだけど、そりゃ、いい男だから、一度会ってよ」

　原田は犬塚と三浦との間を取り持とうとして熱心だった。

　三浦は早大に入学した年から日学同一筋におよそ二十年、民族派運動に取り組んできた男なのに、右翼民族派陣営での知名度がもうひとつ低かったのは、他団体との交流がなかったからだった。

　犬塚にしても、三浦とはほぼ同世代、学生時代もライバル組織の幹部同士としてダブっている時期があるはずなのに、今日に至るまでまるで接点も交錯もなかったのは不思議であった。

「いやあ、原田さん、会うのはいっこうにやぶさかではないですよ」

　犬塚も原田の求めに気持ちよく応えた。

　かくて原田の仲介で、犬塚と三浦は高田馬場の割烹「海かみ」で初めて顔を合わせた。

　たしかに原田が言うように、犬塚から見ても、三浦は決して「オレがオレが」と自己主張するような押しの強いタイプではなく、話しぶりにしても、どちらかと言えば弁舌爽やかというより、訥弁ではあった。

　だが、その話を聴いているうちに、犬塚はただただビックリするよりなかった。三浦の話す政治論や世界観、国家論など、その理論的水準の高さ、またその志の高さにも、犬塚は内心で唸らざるを得なかった。

〈いやいや、こりゃ凄いな！　知らなかった。まさかわが陣営にこれだけの論客がいようとは！〉

　いつか犬塚は初対面の三浦にすっかり魅了されてしまっていた。

〈この三浦理論のすばらしさに比べたら、一水会と日学同の揉めごとがどうしたとか、やれテロ宣言がどうのこうのとか、あまりに了見が狭すぎるな。そんなことに、この三浦さんをかかわり合わせるわけにはいかんぞ。なるほど、原田さんがオレを三浦さんに会わせようとしたわけだ……〉

犬塚は合点がいくと同時に、一水会の若い連中に、三浦をやっつけてしまえ——などと、けしかけたりしたことが、途端に恥ずかしくなった。

「三浦さんと私はだいたい同じ時期に学生時代を過ごしたみたいですが、日学同と全国学協の因縁があって、年中揉めてたとき、自分のほうに何か三浦さんに対して失礼なことがなかったでしょうね？」

三浦より一歳年長の犬塚は昭和四十三年、現役で長崎大学に入学し、学生運動に明け暮れるなか、昭和四十七年、同大を奇跡的にストレートで卒業していた。

一方の三浦は二浪後、犬塚より二年遅い昭和四十五年の早大入学で、同様の運動三昧で卒業はできず、除籍組であった。

「いえ、先輩、何もなかったですよ。自分のほうこそ、その時分、先輩に対して失礼なことがあったとしたら、お詫びします」

「いえいえ、それより三浦さん、今度の件も血気盛んな若い連中のことです。われわれは口出ししないで、もう若い連中に任せておきましょうよ」

「そうですね。わかりました。私のほうも、この件は一切佐々木に任せようと思ってます」

三浦は酒も強く、いくら杯を重ねても態度は少しも変わらず、泰然とした飲みっぷりだった。飲み始めると、肴をほとんど食べないところは、犬塚とも共通していた。

ともあれ、一水会と日学同の若い連中の間で起きたテロ云々の騒動をきっかけに、原田を介して三浦を知った犬塚は、三浦にぞっこん惚れ込んでしまったのだ。

三浦のほうも、犬塚に対して、かねて因縁のある全国学協出身で、一水会を立ちあげたメンバーのひとりと聞いていただけに、会う前は含むところがあったのもたしかである。いくら気を許す原田の口利きとはいえ、積極的に会いたい人物ではなかった。

もし、相手が上から物を言ってくるような態度をとるのであれば、こちらとて対決は辞さない、との気構えで出向いてきたのだ。

ところが、実際に会ってみると、犬塚は腰が低く、大人風の気持ちのいい男だった。歳も運動歴も三浦より上なのに、何かと三浦を気遣い、立ててくれるのだ。何より理論家でよく勉強しており、尊皇心も篤く、運動に賭ける情熱も並大抵ではないものが感じられた。

三浦にとって犬塚はその日から何ら抵抗なく「先輩」と頭を下げられる相手となった。

さらにふたりの交流をより深めたのは、平成四年秋、犬塚が主宰した「維新公論会議」であった。『維新公論』というのは、犬塚の師である中村武彦が戦前、編集に携わりかつ自らも筆を執って論陣を張っていた右翼陣営のオピニオン誌だった。かねてその復刊を考えていた犬塚が、

「編集会議をやるような形で、組織横断的な民族派の思想・理論研鑽と情報・認識の共有の場を作りたい」

として始めたのが、「維新公論会議」であった。

同会議を企画した犬塚は、師の中村武彦や大日本生産党党首の北上清五郎からも、

「それはいいことだからぜひやればいい」

との賛同を得て後見人的立場になってもらうと同時に、民族派の中堅クラスに協力を求めた。そのうちのひとりが三浦であった。

「三浦さん、組織横断的な勉強会を始めたいんです。中心メンバーになってもらえませんか。ひとつお願いします」

犬塚の求めに、三浦も、
「自分でよければ喜んで」
と快く応じ、犬塚をはじめ松本効三、阿部勉、山浦嘉久、四宮正貴らとともに中心メンバーとして、同会議に毎回出席するようになったのだった。

高田馬場駅前のホテルで行なわれることが多かった同会議は、大学のゼミにも似た形式で、講師が二時間ほど講演したあとで質疑応答、ディスカッションが行なわれた。前述の常連メンバーに加え、中村武彦、北上清五郎、半本茂、山口申、大原康男ら民族派の重鎮やイデオローグが出席して議論が交わされるのだから、かなりハイレベルな勉強会となった。

この維新公論会議、最初のころはほぼ毎月一回のペースで行なわれ、メンバーのひとりが講師となった。三浦も何度か講義を受けもち、国家論から国体論、憲法論、国際情勢論までをぶった。

三浦の講義に喫驚したのは、戦前からの筋金入りの日本主義者・中村武彦と北上清五郎も同様で、ふたりの御大は犬塚に、
「戦後生まれの若手に、こんな論客がいたのか」
「彼の情勢認識論はたいしたものだ」
と感想を漏らし、三浦の理論を高く評価した。

これには犬塚も鼻が高く、三浦を維新公論会議の中心メンバーに引っ張った自分の眼に狂いがなかったことを思い知るのだ。

律義な三浦は、講義の際にもキチッとレジュメを作って皆に配った。中味の濃い勉強会となり、質疑応答も活発に行なわれ、そのあとの飲み会も大いに盛りあがるのがつねだった。三浦にとっても楽しく、充実した時を過ごせたから、この会合への出席は欠かせぬものとなった。

メンバーのひとりである憂国青年同盟（憂青

同）会長で、民革（民族革新会議）議長をつとめる山口中も、三浦に惚れ込み、

「三浦さん、三浦理論の『大日本主義』というものを、ひとつ、うちの憂青同の若い連中にも講義してくれませんか。ただし、うちのメンバーは難しいことはわかりません。うんと噛みくだいてお願いします」

と申し出たものだ。

三浦の唱える「大日本主義」とは、《戦後占領体制の全的廃棄――憲法と安保の清算をテコとした世界史的世界国家の建設、即ち「パックス・アメリカーナ」に代わる「パックス・ジャポニカ」の建設》ということであった。《「小日本主義」即ち戦後デモクラシーに拝跪し、米国の走狗として東海粟島で一国平和主義の康安を貪るか、それとも「大日本主義」即ち建国の道義に覚醒して戦後デモクラシーのくびきを断ち切って、近代西洋キリスト教文明に代わる大日本文明を創造し五〇〇年に亘る西力東漸――白人覇権を根底から打破し、有色人種復権の下、諸民族共存協和の人類黄金郷を建設するのか、亡国派の「小日本主義」か興国派の「大日本主義」かが問われているのである》

山口の依頼に、三浦も応諾し、以後毎月、憂青同が本部事務所を置く東京・木場において、三浦は憂青同メンバーに対して講義を行なうようになり、それが自決する直前まで続いたのだった。

ともあれ、維新公論会議は、あまり他団体との行き来がなかった三浦にとって、交流がグンと広がっていくいい機会となった。

同会議終了後の懇親会という名の飲み会も、三浦にすれば、ことのほか心安まるひとときであった。かつての学生時代にはそれぞれ日学同や全国学協、日本学生会議、楯の会などに所属し内ゲバを経験した者同士が仲良く酒を飲んでいる姿は、三浦をはじめ昔を知る犬塚、阿部、山浦、四宮たちには、到底信じ難い光景だっ

た。

かねて〝高田馬場三十八度線〟なる言葉も生まれるほど、緊張を孕んだ重遠社と一水会の関係は、ついには「鈴木邦男をテロる」とか「いや、その前に三浦重周をやる」といったテロ宣言が飛び交うような不穏な動きも出てきて、いよいよシャレでは済まなくなった。

ここに至って、両組織を代表して重遠社政治局長佐々木俊夫と一水会政治局主任の木村三浩とが、一対一の話し合いの場を持った。

両者とも簡単に妥協するタイプではなかっただけに、一度や二度の話し合いですぐに決着がつくというわけにはいかなかった。高田馬場のホテルで余人を交えずふたりだけで何度か話し合いを重ね、両者の間で和解が成立するまでは少なからぬ時間を要した。

最後にふたりは高田馬場の割烹「海かみ」で手打ちの宴を張るに至って、ようやく両者間の長い因縁の緊張関係は、雪解けの道が開けたのだった。

木村三浩にしても、こうした騒動を通して重遠社や新青同の若手と知り合い、さらに先輩の犬塚や阿部勉の主宰する維新公論会議に参加することで三浦との交流が深まっていったのは、自身にとって大きなプラスにもなったし、新たに目を見開かされることにもなった。

木村にすれば、高度な理論体系を構築する難しいだけの先輩と思っていた三浦が、意外にくだけた一面を持ち、親しみやすい人柄であることも初めて知ったことだった。

三浦は八歳年下の木村を可愛がり、維新公論会議の後の酒席の折など、

「あんたとオレが組めば天下を取れるぞ。うちに来いよ」

と軽口を叩くこともあった。「うちに来いよ」というのは、重遠社に来いという意で、いわばヘッドハンティング、引き抜きであった。

むろんジョークには違いなかったが、それほど三浦も木村を買っていたということの証しであったろう。

「オレは大概事務所にいるから、いつでも遊びにおいでよ」

と三浦に誘われ、木村は一度、高田馬場駅を挟んで一水会とは反対の方向にある重遠社の事務所を訪ねたことがあった。

事務所には三浦しかおらず、そのとき三浦は筆を持ち一心不乱に書に取り組んでいる最中であった。鬼気迫るような集中力で、三浦は明らかに別の世界に入り込んでいた。その様子に木村も、

〈なるほど、三浦さんの勉強のやりかた、読書のしかたというのも、万事こんな調子なんだろうな〉

と感服し、先輩論客たちを唸らせた三浦理論をいかに構築したか、その秘密の一端を垣間見たような気がした。

そんな交流のなかで、あるとき木村は、ひとが聞いたら耳を疑うような三浦の恩恵を受けたことがあった。なんとカネとは無縁、天下一品の赤貧ぶりが知られる三浦から小遣いをもらったのだ。門下でもそんな待遇を受けた者はなく、三浦から小遣いをせしめた後輩など、およそ後にも先にも木村だけであったろう。

それは三浦の支援者でもあった埼玉の民族派・中川昇の主催する山梨・石和温泉での忘年会へ、ふたりとも招かれたときのことだった。

その会には、木村も古くから中川とは親交があって誘われたのだが、多くの民族派関係者が出席する超党派の趣きのある忘年会であった。

ホテルでの宴会が終わり、三浦と二次会へ繰り出すことになった木村は、そのとき三浦からひょいと三万円もの金を手渡されるのだ。

「――先輩、何ですか、これは？……」

「いいから取っとけよ、小遣いだ」

「……競艇でも当たったんですか」

木村は三浦の唯一の道楽を聞き及んでいた。

「まあ、そんなとこだ」

実はその三万円は、三浦の懐具合いを気遣った中川が、二次会の軍資金として差し入れてくれたものだった。

三浦はそれをそのまま木村に横流ししたわけで、木村は目を白黒させながらもそれをありがたく受けとった次第なのだが、かように金銭欲などまるで持ち合わせていない男が三浦であった。

「オレはもともとあんたや鈴木邦男さん、それに野村秋介さんに対しても、あまりいい印象は持ってなかったんだよ」

三浦は付き合いが深まりだしたころ、木村に正直に打ち明けたことがあった。

「マスコミにばかり登場して、派手なパフォーマンスをして……どうにもオレには馴染めなくて……オレとは生きかたも運動のやりかたも違うと思っていた……」

「野村さんと会って話したことはなかったんですか?」

三浦は、野村の起こした河野邸焼き打ち事件や経団連事件についても、あまり言及したことがなかった。

ところが、平成五年十月二十日、野村が朝日新聞社において壮絶な拳銃自決を遂げると、三浦の野村評は一変する。かつて批判的なことを口にした自分の不明を恥じるとともに、三浦は野村秋介への高い評価を惜しまなかった。

「やはりあの人は言行一致の国士、本物だったな。さすがだよ。オレがつねづね言う、決死勤皇、生涯志士——を見事実践した人だな。野村さんは男で生き、男で死んだんだ」

東映任侠映画をこよなく愛した三浦は、「男になりたい、男でありたい、男で死にたい」という言葉が好きで、自分の生きるひとつの指標としていた。

「野村さんは自分たちへの遺言として、民族派の打倒すべき『五つの敵』というのを残しましたけど、右翼の真の敵こそ右翼自身——内なる敵なんだと言ってます。あれは耳が痛いですね」

「うん、そうだな。その〝内なる敵〟を凌駕するためにも、いまこそ玄洋社の理念とした『自由』『民権』『尊皇』に原点回帰しなければならない、とも仰ってるだろ。まったくその通りだな」

三浦が木村と畏敬の念を込めて野村秋介のことを話すようになったのは、その自決後のことだった。

このころより、三浦は他団体から講師を乞われれば極力応じて積極的に講演活動を行なうようになり、さらに多くの民族派人士と交流を深めていく。

〝高田馬場三十八度線〟といわれた一水会との間にあった見えない壁もとっ払われ、両者の本当の意味での交流も実現するのだが、そのために尽力した人物こそ誰あろう、日学同最後の委員長となった荒木雅弘であった。

荒木雅弘は昭和四十一年、愛知県豊田市の生まれ。昭和六十二年四月、国士舘大学に入学すると同時に、日学同に加盟した。翌六十三年四月、日学同第二十二期中央執行委員長に選出され、第二十三期、第二十四期も再選。革マル派機関紙で名ざしで叩かれるなど、右翼民族派学生運動の武闘派リーダーとして勇名を馳せた。

ときとしてその武闘派ぶりがエスカレートし、行き過ぎることもあって、新青同初代委員長の佐々木俊夫や、国士舘の先輩でもあった新青同二代目委員長の宮川英之から、

「バカヤロー、何やってるんだ！　いくらなんでもやり過ぎだ。組織のためになってないじゃないか！」

と、こっぴどく怒られる破目にもなった。

だが、そんなときにもトップの三浦重周は何

も言わなかった。荒木が何をやっても、三浦にだけは叱られたためしがなかった。

荒木にとって三浦は、茫洋として掴みどころのない不思議な存在であった。

平成三年三月、荒木は国士館大学を卒業することで日学同最後の委員長となったのは、三浦が荒木の後任を作らなかったからだ。もうそのころになると、運動に飛び込んでくる学生の数も絶対的に少なく、左右ともに学生運動は限りなく低迷期を迎えていたのだった。

荒木は大学を卒業しても引き続き運動を続ける決心をし、同年四月、新青同の政治局長に就任した。

だが、荒木はそれから三カ月後、重遠社から身を引くことになる。路線闘争の末に、佐々木や宮川を始めとする多くのメンバーが組織を去り、重遠社が分裂状態になったことへの抗議の意を示したのだ。

重遠社・新青同を脱退した荒木は名古屋へ帰り、自民党参議院議員の私設秘書となった。

同年七月から翌平成四年三月まで、その仕事をつとめたものの、荒木は途中でつくづく嫌気がさした。仕えた議員をはじめとして、周辺の政治家たちには二世が多く、政治への志などかけらもなく、集票のことだけを考えているような手合いばかりだったからだ。

〈とてもこんな人たちとは一緒にやれたもんじゃないなあ〉

と痛感することになる。志の人・三浦重周がつくづく懐かしく思えてきた。

当初のうちこそ、荒木の目に、三浦はよくわからない大人風の人物としか映らなかったが、その理論に触れ、その志の高さ、その志操堅固さを知るにつけ、尊敬の念を抱くようになって、わが師と仰いだ。重遠社を離れてからもその思いは変わらなかった。

そんな三浦とは対極に位置するような政治の世界を覗いた荒木は、それでも我慢して九カ月間もつとめた末に、議員秘書を辞めたのだった。反面教師にはなっても、国会議員の彼らから得るものはほとんどなかった。

それから間もなくして、ある民族派の集まりに出席するため上京する機会があり、その会場で、荒木はバッタリ旧知の木村三浩と邂逅する。

かつて〝高田馬場三十八度線〟と言われ、ビラ貼りで互いに潰し合いにシノギを削り、果ては互いのトップのテロ宣言云々というところまで対立がエスカレートした仇敵《きゅうてき》だった。が、荒木と木村は以前から個人的な知り合いで、会えば挨拶を交わし話もする間柄であった。

このとき、荒木は木村に紹介され初めて親しく話をする機会を持った男がいた。一水会の青年行動隊長をつとめる日野興作で、荒木より三歳下、文字通り若手のバリバリの行動派だった。

日野は一水会の専従として、平成二年秋には、大嘗祭を前にして、中核派が、

「皇居にロケット弾を撃ち込んで大嘗祭を爆破する」

と機関紙で宣言したことに対し、同年十月三日より十一月二十四日まで、中核派前進社ビル前に街宣車を乗りつけて、

「即位の礼、大嘗祭を汚すな！　おまえらがやるなら容赦しない！」

と叫ぶなど、連日五十日間にわたって敢行した一水会の街宣活動に参加。また、一水会が「ブッシュ来日阻止」集会を開催した翌日の平成四年一月八日には、日野は首相官邸前で赤ペンキ、ビラを撒き逮捕されている。民族派陣営でも名にしおう若手武闘派だった。

同世代の運動家として早くから互いの存在を知っていた荒木と日野は、この日初めてじっくり話す機会を持ち、意気投合する。荒木にとって、それは運命の出会いといっても過言ではなかった。

かった。

両者の再会はそれから間もなく実現する。荒木が上京し、出席した民族派集会で、またもや一水会の面々と顔を合わせたのだ。そのなかには木村三浩をはじめ、日野や若手メンバーも何人か揃っていた。

木村が意を決したような顔で荒木に声を掛けてきた。

「今年は一水会の結成二十周年、間もなく大会をやる予定で、いまその準備で忙しいんだ。そこで二十周年に向けて全国化を進めてて、どうにか形はできあがってきたんだけど、どうも東海地区が弱いんだ。荒木君、ひとつ、うちに力を貸してくれないか」

木村のオルグに、誰より驚いたのは、荒木当人だった。

「けど、木村さん、僕はかつて日学同委員長だった男ですよ。いわば仇敵の間柄……」

「そんなの関係ないよ。もう過去の話じゃないか。大事なのはこれからいかに維新革命をやっていくか、だろ」

「……」

「君には同志としてぜひわれわれの戦列に加わってもらいたいんだよ。日野もそれを強く望んでいるんだ」

木村の傍らで、日野が荒木に熱い視線を送ってくる。

「……わかりました。けど、いくらなんでも即答できる話ではないですから、考えさせてください」

と応えたものの、日野の燃えるような眼差しを見たときから、すでに荒木のなかで答えは決まったようなものだった。

その年——平成四年五月の一水会結成二十年東京大会、大阪大会を経て五カ月後の十一月の全国大会を目前に控えた同年十月、荒木は、鈴木邦男会長、木村三浩書記長体制の一水会に入会、同愛知支部長に就任する。

荒木はこの決断を、

「高田馬場三十八度線を越える一種の政治亡命」

とジョーク混じりに述べたものだが、両者の長い因縁を考えたら、それは画期的なことであったろう。

荒木の一水会入りを誰よりも喜び、大きく両手を広げて迎え入れてくれたのは、やはり同本部長兼青年行動隊長の日野興作だった。

以後、ふたりは同志という以上に、さながら義兄弟のような付き合いをしていくことになる。

平成五年一月、青年行動隊を主軸にして日野が一水会内に立ちあげた志水塾に、荒木も参加、ふたりはより武闘主義を強めていく。

翌六年十月、荒木は「東海維新フォーラム」を結成。一水会愛知支部長として一途に運動に打ち込み、東海地区に確固とした地盤を築こうと尽力していた荒木に、思わぬ事態が持ちあがったのは翌十一月のことである。

名古屋で行なわれていた地方議会選挙に、東京から一水会会長の鈴木邦男が新左翼系候補の応援に来るという話が、公安筋の情報として荒木の耳に飛び込んできた。

「えっ、そんな話聞いてないよ。もし、それが本当なら、会長から真っ先に愛知支部長の僕に連絡があってしかるべきはずだけど……」

荒木は自分の耳を疑った。

そして公安情報は事実そのもので、来名した鈴木は、知人の応援演説に立った。

荒木はその会場へ赴き、鈴木と話し合いを持った。

「会長、どういうことですか。支部長の私に何の連絡もなしに、名古屋でこういう政治活動をなさるというのはおかしくないですか」

「いや、これは僕個人としてやってることだから、組織とは関係ないし、迷惑かけてないと思うけど……」

「そんなことないでしょ。トップである会長がやられる政治的活動は、これイコール一水会の見解ととられて当たり前ですし、だいたいこのことを地元の責任者である僕が事前に何も知らされないというのも、まるでナンセンスな話です」

ふたりの話はいっこうに噛み合わず、こじれにこじれ、ついには組織への不信感を募らせた荒木が、

「もうやってられない」

と一水会からの脱退を決意するきっかけとなった。

もとよりそのことを真っ先に相談した相手が日野で、日野も荒木の考えに同意し、「それなら自分たちで新たな運動をやっていこうじゃないか」

と行動をともにする決断をしたのだった。

こうして荒木は愛知支部を解散し、日野たち十人近い若手メンバーとともに一水会を脱退、一水会内組織として二年前に結成した「志水塾」を独立させた。

これら一連のことを、荒木は三浦重周に洗いざらい報告し、ときには相談にも乗ってもらっていた。三浦は、

「おまえの信ずる方向で運動を進めればいいんじゃないか」

と運動を続ける荒木に、温かいエールを送るのがつねだった。

荒木は一水会退会を機に東京へ出て、日野たちと独自の運動に取り組んだ。毎月、会報を発行し、三浦にも毎回原稿を依頼、内容の濃い紙面作りに励んだ。高田馬場の三浦への事務所へもときどき足を運んで酒を酌み交わしたり、運動面のアドバイスを受けたり、親交を結んだ。

平成九年一月、日野と荒木は志水塾を発展的に解消して「維新革命主義国民戦線」を結成、日野が議長、荒木が書記長に就任した。

彼らなりの運動に取り組んで二年ほど経った

とき、

「おい、荒木よ、日野と一緒にそろそろ一水会《うち》に戻ってこないか」

と声をかけてきたのが、一水会書記長の木村だった。荒木は一水会を出てからも、木村とは変わらぬ交流を続けていたのだ。

「はあ、木村さん、何を言ってるんですか」

「いや、鈴木さんが引退するから、もう戻ってきてもいいだろ、という話さ」

「引退するから戻れというのも、ムチャクチャな話ですね。で、あとはどうなるんですか」

「鈴木さんのあとを継いで、オレが代表になる。見沢も出てきたことだし、もう一回一水会を立て直したいんだよ」

「見沢」というのは、かつてスパイ粛清事件を引き起こし、懲役十二年の刑で千葉刑務所に服役していた元統一戦線義勇軍書記長の見沢知廉のことだった。

単なる民族派のサロンではない、本当の運動体を創出していくのだ、そのためにも組織改革は必要なんだ、という木村のヤル気だけは、荒木と日野にも伝わってきた。熟考の末に、ふたりが新たなる創造的革命運動を求めて自分たち維新革命主義国民戦線と一水会との組織合流を決めたのは、平成十二年一月のことだった。

木村を代表とする新生一水会のもと、日野は幹事長、荒木は政治局長に選出された。

と同時に、荒木は一水会の機関紙『レコンキスタ』の編集長を兼任、紙面作りを一手に任された。

そこで荒木は満を持してひとつの企画を立てた。

「よし、レコンキスタに三浦さんのコーナーを作ろう。一水会であろうとどこであろうと、三浦理論はどこでも立派に通用するものだ。いや、いまこそ若い連中は三浦理論を学ばなければならんのだ」

と思いたった荒木は、毎月発行する「レコンキスタ」に『三浦重周の維新革命講座』というコーナーを作り、三浦に毎月、国家論から天皇論、国体論、運動の進めかた……といった論文を執筆してもらうことにしたのだ。

荒木は日野とともに維新革命主義国民戦線を立ちあげ運動していた時代、同じように重遠社を離れた後も三浦門下として「『民族の意志』同盟」を主宰し活動する森垣秀介とも共闘し、ことさら三浦一門であることを世間に鼓吹し、意識的に三浦の売り出しにつとめたものだった。それほど荒木自身が三浦の信奉者でもあった。

「そうだ、機関紙上だけでなく、実際に三浦講座を開いて、うちの若手たちに生の三浦とその理論に触れさせ、もっと三浦さんを知ってもらおう。どれだけ若い連中のためになることか」

荒木はさっそくそれを実行に移すことにした。

組織内の勉強会として、毎月一回、一水会事務所の会議室に若い連中を集め、三浦に来てもらって、三浦理論を中心にした三浦講座を開催すること。

それは我ながらなんともすばらしい発案であった。もし、それが実現すれば、真の意味での高田馬場三十八度線の突破につながるはずだった。

だが、両者のついこの間までの確執や昔ながらの因縁を考えたら、果たしてそんなことが本当にできるものだろうか。一水会関係の大先輩たちから睨まれることにはならないか、はたまた三浦は引き受けてくれるものだろうか……。

さすがの荒木も多少の懸念はあったが、それはまったくの杞憂に終わった。三浦は荒木の頼みを快く引き受けると、まさに高田馬場三十八度線を越えて仇敵の本陣に堂々と乗り込んできた。

三浦理論は一水会の若手たちからも、

「いままで学べないようなことを学べた」

と好評を以って迎えられ、彼らに刺激を与え、彼らをして大いに覚醒せしめたのだった。

彼らは荒木や日野ともども、一水会にはいないタイプである三浦の理論にも人柄にも新鮮さを感じ、約二時間の勉強会とその後の酒宴をとことん楽しんだ。集まるメンバーはおよそ十五人、多いときで三十人、そのほとんどは荒木や日野がオルグした若手たちだった。

この三浦の維新革命講座は一年間続き、受講した者たちは誰もが三浦を「先生」と敬愛するようになっていた。荒木の目論見は予想以上に成功を収めたのだ。

荒木はこの一水会若手向け勉強会とは別に、一水会が毎月開催していた公開講座（一水会現代講座改め一水会フォーラム）にも、三浦を講師として呼ぶことも独断で決めた。

これにはさすがに一水会内部でも賛否両論はあったが、荒木は、

「昔の確執だとかなんとかって、レベルの低い話はもうやめるべきだよ。いいものはいいんだから。三浦さんのような人の話を聞くという姿勢を示せないような組織はダメになってしまうよ」

と反対意見を押しきり、これを実現させた。

重遠社代表が一水会フォーラムに登場するという画期的な事態に興味を持った者もいて、三浦講師のフォーラムはいつもより参加者が多かった。三浦はフォーラム後の懇親会にも出席し、同席における一水会顧問鈴木邦男とのツーショットの写真も「レコンキスタ」を飾って、因縁の両者の歴史に終止符を打ったと評判を呼んだ。

荒木の企画のヒットといってよかったが、その後、いろんな事情から、荒木は再び日野とともに一水会を去ることになる。それでもどの団体にも属さずずっと独自の運動を続けてきた男が荒木だった。三浦を師と仰いで、ときには一緒に酒を飲み、その交流も変わらなかった。

「荒木よ、看板は違うけどな、おまえや森垣が運動を続けてくれてるというのが、オレはすごくうれしいんだよ」

と、三浦はポロっと漏らしたものだった。

一水会代表の木村三浩から、一水会フォーラムの講師として初めて三浦重周が来てくれると聞いたとき、同顧問の鈴木邦男は、

「そりゃあ、よかった。すばらしい。でも、三浦さんもよく来てくれる気になったなあ」

と喜ぶとともに驚きも隠せなかった。

「ええ、荒木が後輩ということもあって、快く引き受けてくれました」

「そうか、あの人はやっぱり大きなひとだなあ。うちの若手たちのためにやってくれた勉強会といい、誰にでもできることじゃないぞ」

「本当ですね。ありがたいですよ。うちの連中も、あの人から大きな影響を受けましたから」

「よその組織の若手のために、あそこまでやってくれる人はいないよ」

木村に代表の座を譲る前、鈴木邦男が一水会で会長をつとめていた時分、一水会と三浦の重遠社との間で揉め、テロ云々という騒動があったことも、鈴木は木村から報告を受けて知っていた。

それを聞いたとき、鈴木は内心で「やれやれ……」と苦虫を噛み潰すような思いをしたものだった。

学生時代、全国学協と日学同との間で激しくやり合い内ゲバ状態になったことがあり、双方とも顔を合わせれば殴り合っていた時期があった。

そんな時代を経て、鈴木たちが一水会を結成したのは、もうそうした内ゲバとか除名、査問云々といったことがつきものの「組織の論理」につくづく嫌気がさしたメンバーが集まってのことだった。

〈それなのに後輩たちはまた同じようなことを

やっているのか……〉
鈴木はもはや内ゲバはむろんのこと、テロルに関しても誰より強い反対論者になっていた。もともとより長い間運動に携わってきて、達観もしており、
〈こんなオレみたいな男をテロりたいというなら、どうぞ御勝手にと言うところだが……〉
と肚を括っていたのだが。
だが、幸いなことに、その後、両者の間で話し合いが行なわれて手打ちとなり、〝高田馬場三十八度線〟の壁も崩れ、両者の交流も始まった。
鈴木自身も何度か憂国忌に出席したり、興味のあるテーマや講師のときは三島研公開講座にも顔を出したので、自然に主催者側の代表である三浦とも挨拶を交わし、話をする機会にも恵まれた。また、維新公論会議や懇親会の席でもよく顔を合わせ、より親しみを増していく。
鈴木が三浦に親近感を抱いたのは、まず、その言葉遣いに対してであった。東北弁に似た訛りがあったので、
〈あれっ、オレと同じ東北生まれなんだな〉
と思っていたのだ。新潟の出身と知ったのはのちのことだったが、鈴木の目に映る三浦像は、地味で人づき合いもうまくなくて温厚というイメージであった。それでいて民族派運動が好きで勉強家、ずっと地道に運動に取り組んでいる姿に、
〈何か、オレに似てるなあ……〉
という印象が強かった。
むろん、そんなことを言っては失礼なので、鈴木が勝手に思っているに過ぎなかった。
それだけに最期は割腹という作法で人生の幕を閉じ、介錯までひとりでやってのけるという、昔の武士でもできない三浦の自決の所作を知ったとき、鈴木の驚き、衝撃は並大抵のものではなかった。

三浦が維新公論会議を通して親しくなった山浦嘉久から牛嶋徳太朗を紹介されたのは、平成十二年春のことだった。

山浦は三浦より四歳年上、昭和四十年、早稲田大学政経学部に入学するや、民族派学生運動に邁進、四十二年に日本学生会議議長に就任、一貫してヤルタ・ポツダム体制打破の運動に取り組み、昭和四十四年十一月四日には日本学生会議のメンバーとともに直接行動に打って出た。

同日午前十時五十分、山浦たち八人は、外務省七階の国際連合局軍縮室に突入、窓から《核防条約粉砕》のビラを撒き、同趣旨の垂れ幕をおろした。これによって全員が建造物侵入・暴力行為法違反などで逮捕されたのだった。

それは日本学生会議がかねて核防条約（核拡散防止条約）に対し、

《現段階に於て、核防条約に調印することは数年先には、その批准を意味し、一九四五年八月以降、米ソの二元的支配下の国際情勢の中で足をもぎとられ、善意を装ったポツダム憲法の内にて、無味乾燥なる自堕落な経済発展に自己満足し、小市民的安寧秩序に民族のエネルギーが埋没しつつある現日本にあって、未来永劫にわたって、特に二十一世紀の核エネルギー支配を通じ、米ソの世界支配下に完全に屈服隷従することを意味する》（機関紙『ジャスコ』昭和四十四年十一月二十日）

ととらえ、同紙で《調印は断固阻止する。その時は実力行動をもって、組織の存在と、個人の生命を賭けて戦う決意である》と述べていた「核防条約粉砕闘争」の実践にほかならなかった。

その翌四十五年三月、日本学生会議は「反核防統一戦線」の構想を打ち出し、民族派学生団体への呼びかけを行ない、十一月に準備委員会が結成された。これに応じた各団体の代表者会議が以後数次にわたって開催され、「反核防」

で共闘することで意見の一致を見て、四十六年五月、「反核防統一戦線」の結成が決定された。参加団体は日本学生会議のほか、全国学協、〝日学同統一派〟の三団体で、オブザーバーとして学純同、日本主義学生連合、日本学生総連合が名を連ねた。同統一戦線の議長に就任したのは、日本学生会議の椎尾順委員長であった。

これに対して、日学同が参加を断ったのも当然で、自分たちが〝エセ学同〟と呼んでその存在を容認していない〝日学同統一派〟なる組織と共闘できるはずもなかったからだ。それでなくても、反核防統一戦線は、「民族派学生の代表であるかのごとく振る舞う」日学同に対する反発——反「日学同」の結集という思惑も、目論見のひとつに絡んでいると見られていた。要は民族派学生内の主導権争いであった。

たちまち両者の間で内ゲバが開始されたが、最も割りを食ったのは、日学同入りしてまだ一年しか経っていない三浦であった。

昭和四十六年春、他大学の新人同盟員とふたりで早大キャンパスで「早大国防部」の出店を出していた三浦に、反核防統一戦線のゲバルト部隊が襲いかかったのだ。

木刀や鉄パイプを持った連中に不意を襲われ、抗戦する暇もなく、三浦は木刀で頭を殴られ負傷してしまう。このゲバルト部隊の指揮を執ったのは、日本学生会議の椎尾順と機関紙「ジャスコ」編集長の牛嶋徳太朗であった。

それからちょうど二十九年後の平成十二年春、因縁の三浦と牛嶋は、山浦嘉久の導きで高田馬場の居酒屋で再会するのである。

もとより三浦にすれば、そんな昔の話はとうに忘れていることであり、山浦に対して何らわだかまりがなかったように、牛嶋に対しても何の恨みつらみもなかった。

このとき、三浦、牛嶋、山浦のほかに、牛嶋と山浦の共通の友人である牧田吉明も同席したが、三浦は牧田とも初対面であった。三菱重工社長の造反ジュニア、〝ピース缶爆弾男〟としてしばしばマスコミを賑わせてきた牧田吉明は、山浦やその後輩である牛嶋とは仲が良かった。

三浦と牛嶋は同じ早大政経学部に昭和四十五年入学組の同期だったが、二浪した分、三浦のほうが二歳年長であった。かたや日学同、かたや日本学生会議に属して、学生時代から互いに名前だけは知る存在だった。

早大卒業後、大学院を出て福岡の西日本短期大学の政治学教授となっていた牛嶋であったが、大学を中退してからも一筋に運動を続けている三浦のことはなんとなく気にかかっていた。学生時代に心ならずも敵対し襲撃した相手だからというより、その生きかたや思想的なものに対してシンパシーを感じる相手でもあったからだ。

その日——平成十二年春、五十一歳の三浦、四十九歳の牛嶋、五十五歳の山浦、五十四歳の牧田という不思議な組み合わせが成立し、高田馬場の居酒屋で顔を揃え、酒を酌み交わしたのだった。

牛嶋と牧田が初対面の三浦とうちとけるまで、そう時間はかからなかった。

「こうしてかつての日学同、ジャスコ（日本学生会議）、それにアナーキストが一堂に会して仲良く酒を飲むっていうんだから、隔世の感があるなあ」

皆を良く知る山浦が言えば、牧田も上機嫌で、

「三浦さんは実にいいツラ構えをしてますなあ」

と三浦を褒めた。牧田が面と向かって人を褒めるなどというのはめったになかったことだから、牛嶋は驚いて牧田の顔を見た。三浦にはよほど好印象を持ったとしか思えなかった。

三浦は三年前から頭を剃りあげスキンヘッド

に変え、口髭と顎鬚を蓄えるようになっていた。それが牧田には、気合いが入った風貌と映ったのだろう。

いきなりスキンヘッドで現われた三浦を見て、仲間は皆、目を丸くしたものだ。

その三浦の思いきった変身は、三年前の平成九年、年頭に見た夢に由来していた。三浦はそのことを同年一月、関係者に送付した「『講座』開設のご案内」という書状（チラシ）のなかで触れている。

そこには前年、若手運動家の依頼により「維新変革運動の要諦」について三回にわたって講演したことが記され、三浦はその内容について改めて、国制を正すには国体の真諦を把握することが先決となること、伝来固有の国体は世界史的可能性を有すること、そして国運頽勢の挽回は維新運動の転換から始まること――と要約。

さらにそのうえで、

《これら一連の講論は後進から称して「三浦思想」と呼ばれましたが、胸裡密かに自負するところがあるとすれば志操の一貫性。奇しくも年頭夢枕に北一輝が起ち「唯我一人能為救護」（唯我一人《ただわれいちにん》ノミ能《よ》ク救護《くご》ヲ為《な》ス）と語る不可思議があり、心中密かに期するところあって祝髪して再出発の覚悟を固めました》

北一輝が夢枕に立ったがゆえに――と、三浦にしては珍しいほどの気負いを見せ、意気込みを述べているのだ。この宣言通りの剃髪であったから、なるほど三浦は意気軒高、気合いも充分だった。

それはともかく、三浦と牛嶋はこの飲み会を機に、急速に親しくなっていく。片や東京、片や福岡の地にあって離れてはいても、ちょくちょく電話で話をしたり、牛嶋が上京するようなときには必ず三浦と連絡をとり一緒に酒を酌み交わすようになったのだ。

互いに大学二年生だった二十九年前、早大のキャンパスで内ゲバをやり合った者同士の奇妙な友情であった。

ただ、牛嶋が意外に思ったのは、当時、三浦を襲った反核防統一戦線のゲバルト部隊のリーダーをつとめた男が牛嶋当人であることを、三浦が知らなかったことだった。何かの折にその話になって、牛嶋が、

「あのとき、三浦さんに悪いことしたけれど、笛を吹いてたのは僕だって、三浦さんはもちろん知ってるよね」

と言ったとき、

「えっ、そうだったの？　あんたが指揮をとってたの？　そりゃ知らなかった」

と、三浦が応えたものだから、牛嶋は驚いて、

「何だ、知らなかったの？　じゃあ、よけいなことを言わなきゃよかった。でも、楯の会へ行きたくても行けなかったひ弱なオレが、ゲバルトに参加したのは後にも先にもあれ一回きり。三浦さんには大変失礼な話だけど、三浦さんもよほど運が悪い」

と容赦ない言いかたをした。もうそんなことを平気で言い合える仲になっていたからだが、むろん三浦は怒るどころか、

「本当だなあ。いくら不意打ちを食らったとはいえ、オレもあんたにやられるようじゃ運の尽き、お終いだよ」

と冗談で応え、ふたりは笑い合った。

その日のことを、牛嶋はいつまで経っても鮮明に憶えていた。

早大キャンパスで三浦たちふたりを襲った後、牛嶋たちはすばやくその場を去った。間もなくして日学同の応援部隊が急を聞いて現場に駆けつけてきた。その数、およそ七、八人。

それを早大キャンパスで一般学生に紛れて遠巻きに眺めながら、

「おい、あの先頭の男を見ろよ。あれが誰かわかるか？」

椎尾順が牛嶋に言った。

「誰ですか?」

「高柳だ」

「ああ、あれが日学同ゲバルト隊長の高柳……」

カッコイイなあという言葉を呑み込んで、牛嶋は戦闘服に身を包んだ高柳に目を遣った。

全日本学生国防会議議長の高柳光明は、ゲバルトとなれば、日学同の戦闘部隊を任ずる同会議メンバーを率いて先頭に立つのがつねだった。

高柳は負傷した三浦の介抱を部下に任せ、血相を変えてあたりを睨《ね》めつけている。

牛嶋は思わず首をすくめ、

「オレたちを探してますよ」

「そうだな」

「どうしますか?」

「逃げよう」

牛嶋と椎尾はあわててそこから逃れた。


三浦を襲ったのは、日本学生会議《ジャスコ》の椎尾と牛嶋を中心としたメンバーと日学同は間もなく事実を掴み、ふたりを報復のターゲットにした。

それからしばらく経って、反核防統一戦線の統一集会が開催された日の夜、牛嶋は日学同報復部隊の探索の網に引っかかってしまう。

集会を終えたその夜八時ごろ、牛嶋はジャスコの後輩ふたりと早大大隈通り商店街の喫茶店「ニューエコー」に入った。一時間ほどして店を出ると、待ち構えていたのが、十人前後の日学同——全日本学生国防会議のメンバーだった。先頭には高柳がいた。

「おまえら、ジャスコだな」

三人に対し、問い詰めてきたのは、高柳ではない別のメンバーだった。

牛嶋はここに至って覚悟を決めた。自分の面は日学同にとうに割れていると思っていたからだ。

と、そのとき、連れの後輩のひとりが、

「いや、違いますよ」

ビビりながらも、必死の声をあげた。彼は機転を利かし、たまたま手に持っていた新聞を見せたのだ。それは全国学協の機関紙だった。

「何だ、学協か」

日学同報復部隊は一様に拍子抜けした顔になった。

その間、高柳だけは黙ってジッと牛嶋の顔を見ていた。牛嶋はヒヤリとして生きた心地もなかった。

「待てよ。本当か。こいつらジャスコだってたしかに情報が入ったんだけどな……」

別の誰かが、疑いの声を発している。それを高柳が制して、

「いや、学協だ。学協なら用はないよ」

と三人のために道を空けた。高柳のひと声で、彼らは無罪放免となったのだった。

「いやあ、助かったなあ!」

三人はニューエコーを後にし、高田馬場駅行きのバスに乗り込むや否や、安堵の第一声を放った。

「うまくいったなあ」

「けど、おまえ、よくとっさにあんな反応ができたもんだな。たいした役者だよ」

「一か八か、顔はひきつってたけどな……」

はしゃぐ後輩ふたりをよそに、牛嶋は確信していた。

〈間違いなく高柳氏はオレを牛嶋と知ってたはずだ。なのに、彼は知っててオレを見逃してくれた……〉

牛嶋はありがたかった。高柳の度量の大きさに感謝せずにはいられなかった。

それから二十九年の歳月が流れて、ジャスコの先輩の山浦を通して三浦と面識ができ、親交を結べるとは夢にも思わなかった。

牛嶋は、三浦とはなぜか気が合った。政治論をぶつけ合ったり、思想的な話をすることもなく、また互いに深い関心を持つ国家社会主義に

ついても一切論じたことはないのに、どこかでわかり合えるところがあるというのは不思議だった。

ふたりは何でも話し合える仲となり、三浦も牛嶋の前では、機関紙『新民族主義』の印刷代もままならなかったことや思うように運動資金を作れない苦労話など、よく愚痴をこぼした。

牛嶋もかつて中野正剛が主宰していた東方会の機関紙『東大陸』を再刊し、四号まで刊行した経験があり、その資金作りの大変さを肌で知っていただけに、三浦も話しやすかったのだろう。

『東大陸』は牛嶋が奔走して中野正剛の秘書役で最後の玄洋社社主であった元福岡市長進藤一馬の承認と後見を得、東方会の東方青年隊全国隊長の元人吉市長永田正義を代表に立てて、満を持して再刊したものだった。

「三号雑誌って言葉があるけど、そう言われるのが嫌で、意地でもそれ以上出すと決めたもんだから、まあ、身銭切って、かなり無理してしまった。小森義峯先生と京都でお会いしたとき、『東大陸』を高く評価してもらったのはうれしかったけど、最後は年一回出すのもきつくなってた。女房にも怒られてね。だから、三浦さんの苦労、オレには身に沁みてよくわかるよ」

牛嶋が言えば、三浦も応じて、

「これぱかりは仕方ない。かといって、会社まわりをしたり、良からぬところから金を引っ張ってくるわけにもいかんし、また、オレにはできんからなあ」

と、金がないのを嘆いた。

「よし、それじゃ、いまから闘争資金を作りに行こう。天からのカンパを仰ぐしかあるまい」

「そうだな。まあ、幸い今日は、わずかばかりではあるけれど、軍資金も持ってるからな」

ふたりがそう言うときの行き先は、決まっていた。「天からのカンパ」とはすなわち競艇——

―モーターボートレースのことだった。

ふたりが最も多く出かけたのは平和島競艇、次いで江戸川競艇であった。

江戸川競艇では、ふたりにとって忘れられないことがあった。午後四時過ぎ、レースが終わって競艇場を出たとき、どこで一杯やるかという話になって、

「そうだ、このへんに華原朋美の実家があったな。お母さんが食堂をやってるんだ」

と、牛嶋が思い出したように言った。

「本当か。まさか当人はいないだろうが、そこへ行こうか」

ミリオンセラーを記録した「I'm proud（アイムプラウド）」のアイドル歌手を知っている三浦も、結構ミーハーだった。

話はすぐに決まって、ふたりはタクシーに乗り、華原朋美の母が営む食堂へと繰りだした。そこはふたりには都合よく居酒屋ふうの食堂で、大きな店でもなく、客もさほど入っていなかった。

ふたりは店の隅っこに座り、チビリチビリ酒を飲みだした。

「華原朋美のお袋さんが料理を作ってるんだよ」

牛嶋が言うのに、

「へえ、よく知ってるな。聞きしに勝るアイドル通、芸能通だ」

と、三浦が感心する。なにしろ、牛嶋は後年、自分が教鞭を執る西日本短期大学に、通称「アイドル学科」、正式名称「メディア・プロモーション学科」を創設したほどだ。

――と、そのとき、ふたりにすれば、奇跡といっていい事態が出来《しゅったい》する。三浦の言う「まさか」が起きたのである。なんとマネージャーを伴って華原朋美が店に現われたのだ。

「あっ、本人が来ちゃったよ。どうする？　サインもらおうか」

「オレも欲しいけど、いくらなんでも恥ずかし

いだろ」

ふたりは端なくもミーハーであることを露呈し合ってしまう。

結局、華原朋美のサインはもらい損ねるのだが、ふたりにとって忘れられない競艇余話となったのだった。


三澤浩一が大学卒業後、十年ほどの空白期間を経て三浦と久しぶりに顔を合わせ、日学同の先輩後輩として交流が復活するのは、犬塚博英、阿部勉共同主催による維新公論会議を通してのことである。

三澤が当初からその事務局を手伝っていた同会議に、三浦が常連メンバーとして参加するようになったからだった。

三澤が初めて三浦と会ったのは、昭和五十六年四月二十九日の皇居参賀のときのことで、三澤は拓殖大学三年生、日学同に加盟して間もない時分であった。ちょうど前年十一月二十五日に開催された三島由紀夫十年祭憂国忌に、二十歳の三澤も初めて参加、日学同入りするきっかけとなった。

それから本格的に日学同の活動に取り組むようになって、自民党護憲派糾弾闘争で議員事務所を襲撃したり、三澤は運動にのめり込んでいった。大学四年になって、日学同から遠ざかりがちになったのは、拓大に自ら創設した民族文化研究会のほうに活動の比重が移ってしまったからだった。

それでも大学卒業後も右翼民族派の運動を続けた三澤にとって、その原点となったのは日学同であり、やはり三浦から学んだことは何かと大きかった。

たとえば、組織論について——。憂国忌など大きな集会を成功させるにはどうしたらいいか、動員をどうするかという議論になったとき、

「自分たちの活動に理解を示す宗教団体なりは

かの政治団体の大手に、動員を依頼するというのもひとつの方法だと思いますが」

というある同志の意見に対して、三浦は、

「それはダメだよ」

と言下に否定して、こう言うのだった。

「仮にどこかの宗教団体に動員を頼んで一千人集まったとしても、それはまったく意味がないよ。なんとなれば、それはひとりもオルグできる性格の人たちじゃないからだ。ただのゼロだ。やはりポスター貼ってビラ撒いて地道に集めた百人のほうこそ意味があるんだよ。

そのうち一割オルグすれば十人。彼らこそスキルがあるし、しっかりした活動家に化けてくれるかもしれない。一千人集めてゼロより百人集めて十人のほうが、組織としてはよほどプラスになることだし、組織の発展につながることじゃないか。目先の集会の成功のために、急場しのぎの安直な動員をかけるのはダメなんだ」

その三浦の言は、一方でポスター貼りのメンバーを励ます意味もあったのだが、やはり組織論として本質を衝いている、と三澤は教えられたものだ。まだインターネットが普及する前のことで、ポスターやビラでしか集会やイベントを広く知らしめる方法がなかった時代だった。

三浦は集会やイベント等に集まる人数に関して、独自の考えを持っていた。それは貼ったポスター枚数と問い合わせ電話件数から、三浦なりに算出するものだった。つまり、「貼ったポスター枚数の一割」+「問い合わせ電話件数の十倍」=の数字を二で割れば、集会参加の人数が割り出せるというのだ。

たとえば、ある集会のポスターを一万枚貼ったとすれば、それを見て問い合わせの電話を掛けてくる者はおよそ百人だった。そこから計算すれば、一万枚の一割は一千で、それに問い合わせ電話百件の十倍したものを足せば、一千プラス一千で二千、それを二で割った数字——一千人が集まるというのが三浦の見立てだった。

そしてそれは大抵の場合、おおよそ合っていた。公開講座やシンポジウムにしても、五百枚ポスターを貼れば問い合わせ電話件数は五件で、五百の一割プラス五の十倍イコール百を二で割った数字の五十というのが、いつもの出席者人数だった。

三浦の考える出席者の法則というようなもので、三澤浩一は「なるほどなあ」と学ぶことが大であったが、インターネットが普及し、ポスター不要の時代となって、さすがの三浦も考えかたを変えざるを得なくなり、

「これからはネットの時代だ」

と公言するようになるのだが。

三澤が維新公論会議の受付けをしたり、裏方を手伝うようになったのは、犬塚との縁だった。

平成四年八月二十五日、日学同の同期である桂田智司が、「天皇の政治利用・朝貢謝罪外交を許さない」として天皇御訪中反対を訴え、火炎車で首相官邸に突入する事件を起こした。桂田は三澤同様、大学卒業後もずっと民族派活動を続けている男だった。

桂田は宮澤喜一首相官邸爆破計画を立て、拳銃とアセチレンプロパンガスを持って同官邸に乗り込んだのだが、ガソリンが気化して自分の躰に火がつき、未遂に終わったのだった。

この事件で桂田は懲役五年の刑を受けるのだが、その桂田救援活動を、三澤が中心になって行なったとき、民族派のなかでも熱心に支援してくれたのが、民族革新会議であった。おのずと同事務局長の犬塚とも親しくなり、犬塚が始めた維新公論会議を、三澤も手伝うようになったというわけだった。

三澤は同公論会議で久し振りに三浦と再会し、毎月一回顔を合わせ、付き合いが復活し、親交が深まっていく。中味の充実した会議を行ない、その後の飲み会でも一緒になり、濃密な時を過ごすことで、十年間の空白期間もなきに

等しいものとなったのだ。

同公論会議は毎回四、五時間、出席者は民族派を代表する論客ぞろいとあって、時として議論は白熱を帯び、激論になることもあった。

あるとき三浦は、京都で洛風書房を主宰し維新政党新風の代表をつとめる魚谷哲央と論争になったことがあった。

三浦の主張する軍事クーデター論を、魚谷が「それは非現実的なことではないか」と異を唱えたことに対して、

「自分のが空想的だというのなら、魚谷さん、悪いけど、あなたの維新政党だって非現実的でしょ。党員を集めて選挙で勝つというのと、自衛隊の幹部を洗脳して軍事クーデターを起こすんだという私の考えと、どっちが現実的なのか。いや、それを言ったら、全部非現実的になるんじゃないですか。私の軍事クーデター論も、大東塾の武道と歌道を学んで維新を、ということも、地道にひとりずつ党員を集めて選挙で、というあなたの維新政党も、できっこない幻想だと言われたらそれまでですよ。けど、そうじゃなくて、要はどこまでそれを信じてやるかどうかということなのではないか。私は必ずできると強く信じてやってますよ。必ずやりとげられると信じて。それが維新革命運動じゃないですか」

と反論、一歩も譲らなかった。それは普段の三浦を知る者には信じられないような頑なさであり、激しさであった。

人が言うように、もしかしたら、政治というのは幻想であるかもしれない。あるいは幻想を追い求めているだけなのかもしれない。だが、オレは断じて違う。幻想だなどとは誰にも言わせない。オレは何より確固とした維新革命をやりとげるために、この運動を続けているのだ、という火のような信念を持っている男が、三浦であった。

普段の温厚で笑顔のやさしい三浦と、決して

妥協しないときの三浦の凄み。そのギャップの大きさは、三澤の目にも別人かと思えるほどだった。

知人に紹介された男性との間で急遽話がまとまり、正木和美が結婚を決めたのは平成六年暮れのことで、翌年三月十日、都内で華燭の典を挙げた。

三浦から「（結婚は）十年待ってほしい」と言われたことと、祖母の認知症が進行しており、母から「記憶にあるうちに」との薦めもあって踏んぎりがつき、和美は決断したのだった。

高田馬場の事務所へ行く回数もめっきり減少していたが、夫の転勤に伴い、新潟への引っ越しが決まると、いよいよ和美は重遠社の事務所から遠ざかり、三浦と会う機会もほとんどなくなってしまった。

それでも三浦は、和美への「桜が咲いたよ」という桜メールを毎年欠かさず、季節の移り変わりにも励ましの手紙やメールをよく送ってくれたものだ。

東京にいるとき、桜の季節になると、三浦とふたりで毎年行っていた花見の代わりが桜メールになったようだった。

「東京の桜が蕾だよ。今日は松陰神社まで散歩した」

「桜が満開になった。昔、おまえとよくあちこち散歩に行ったな」

といった三浦からのメールに、彼女も、

「いいなあ。こっちはまだ全然だよ」

「やっと桜が咲いたよ。これから高田公園に自転車で行ってくる」

といった調子で返した。

五月になると、三浦から、

「そろそろ田植えのころだね。新潟の一番いい季節になったね。これからも持ち前の明るさで頑張って」

とビデオレターと手紙が来たり、夏が過ぎると、

「憂国忌の準備で大変ですが、頑張ってます」

とのメールがあって、三浦は和美を気遣った。

和美は和美で、毎年秋の憂国忌前になると、新潟に引っ越ししたため参加できなくなったこともあって、コシヒカリ新米十キロと憂国忌にお供え用の日本酒を三浦のもとへ送るのがつねだった。酒の銘柄は三浦の好きな辛口の吉乃川が多かった。

その年はちょうど憂国忌前の十月に、たまたま上京する用事があって、和美は車で高田馬場の事務所を訪れた。事務所近くに車を駐めると、和美は三浦を呼び出し、新潟から持参してきた米と日本酒を運ぶのを手伝ってもらった。

「おお、御苦労さん」

三浦は十キロ新米を持ち、彼女が一升瓶を抱えて、ふたりでコーポ高田の五階事務所まで階段を登った。

「重いのに悪かったな」

と和美を部屋に招じいれると、三浦は、

「コーヒー淹れるから、待ってて」

と台所に立った。

その間、彼女がリビングで座って待っていると、フッと、テーブルの上に置かれた灰皿とライターが目に止まった。ライターに「三浦重周」と千社札ステッカーが貼ってあったので、和美は、

「あれっ、代表、これ、どうしたの？」

と、何の気なしに訊ねた。

すると、三浦の反応は見ものだった。たちまちバツが悪そうな顔になり、そのライターをサッと上着のポケットに仕舞ったものだ。

和美は直感で、

〈ああ、そういうことか……誰か女の人と付き合ってるんだな〉

と確信したが、それ以上は何も訊かなかっ

た。

結局、和美にとって、この日が三浦と会った最後になった。平成十五年十月のことだった。

その年の終わり近く、佐々木俊夫は宮崎正弘から突然びっくりするような電話を受けた。

「おい、佐々木、大変だよ。三浦が結婚するって言いだした」

「えっ、本当ですか……」

「それで今晩、三浦を呼んでるから、おまえも来い。くわしいことは本人から報告があるだろ」

「わかりました」その時点で、佐々木にはピンとくるものがあった。

〈ああ、そうか、三浦さんの相手というのは、きっとあの萌子《もえこ》ちゃんだな……〉

その夜、江戸川橋路地裏の居酒屋「呑兵衛」に集まったのは、三浦当人をはじめ、宮崎、佐々木のほかには、浅岡敬史、川崎正光のふたりで、三浦と最も親しくしているメンバーだった。

佐々木の直感はズバリ当たって、三浦の報告によれば、彼が結婚したいと思っている相手は、住吉萌子といい、二年ほど前から憂国忌や三島研公開講座に参加するようになった女性であった。

佐々木が初めて萌子を知ったのはこの年の春先の三島研公開講座のときで、受付を手伝っていたのが彼女だった。講座の後の懇親会で、三浦から紹介されたのが最初であった。

「彼女は憂国忌や三島研公開講座があるたびに、地方から新幹線でわざわざ出てきてくれる熱心な会員さんなんだ」

三浦は山陽道の都市の名を挙げた。

「えっ、そんな遠方から……」

「うん、そうなんだ。それでな、彼女はもっと三島研の活動をしたいからと、東京への転職を希望してるんだ。佐々木、おまえ、顔が広いんだから、ひとつ彼女のためにどこか就職先を探してくれないか」

これには佐々木も感心して、

「へえ、そうなんですか。それは奇特な立派なかたですね。わかりました。そういうことなら、僕も努力して探さなきゃなりませんね」

と応えたものだった。

彼女は三浦より十八歳年下で、仕事はパソコンのエクセル（計算業務）が専門という。三島由紀夫や北一輝といった思想家に強い関心を抱いて研究を続けている女性であった。

三浦は、重遠社がインターネット上に開設した「新民族主義運動」というホームページに、平成十三年三月から自らのコーナー「行雲流水」をアップし、時事問題、歴史回顧から季節の折々にふれた随想といった幅広くテーマをとったコラムを連日のように発表していた。萌子がその「行雲流水」の熱心な読者となったことから、上京にいたるすべてが始まった。

佐々木はそれからいくらも経たないうちに、彼女が東京で就職を決め、住まいも高田馬場のコーポ高田のすぐ近くに見つけて引っ越しも済ませたことを知り、

〈たいしたものだ。そういう熱心な女性がいてくれたら、三島研もどれだけ活発になることか！〉

と感嘆せずにはいられなかった。

宮崎から三浦の結婚話を聞いたとき、その相手こそ彼女——住吉萌子だろうと、佐々木が直感したのもむべなるかな。

江戸川橋の居酒屋に集まった宮崎、川崎、浅岡、佐々木を前にして、三浦は照れながらも、

「彼女と一緒になろうかと思ってます。来年早々から同居する予定でいるんですが……」

と宣言、皆の反応を待った。

それに諸手を挙げて賛成したのが、佐々木だった。

「三浦さん、よかったじゃないですか。面倒み

てくれる女性が現われて……三浦さんの良き理解者であるわけですし……いやあ、おめでとうございます」

　宮崎に話を聞いたときから、佐々木は心から喜び、お祝いを言いたくて飛んできたのだ。三浦先輩は一生結婚しないのだろうな、と思っていただけに喫驚したのもたしかだが、その分、うれしさもひとしおだった。

　だが、この夜、集まったメンバーで、三浦の結婚に賛成したのは佐々木だけであった。

　真っ先に強く反対意見を述べたのは、川崎正光だった。

「ワシは賛成できかねます。代表は結婚すべきではありません」

　はっきりと口にした。

　川崎正光はこのとき、三浦よりひとつ上の五十五歳、都内の公共機関の研修施設で管理と調理師を兼ねて勤務し、重遠社党員としては二十年近いキャリアがあった。

　川崎が重遠社とかかわりを持ったのは、佐賀から家族を連れ東京へ転勤となった昭和五十七年秋、四ツ谷駅近くで憂国忌のポスターを見たのがきっかけだった。それから憂国忌や関連のイベントにときどき参加するようになった。

　転機が訪れたのは三年目の昭和六十年春、神宮外苑の日本青年館で開催された国防問題研究会主催の国防講座に出席したときのことだ。講座が終わって外へ出ると日中からの雨もあがっており、川崎は帰途に就いた。途中で傘を忘れてきたことに気づいて、会場に引き返したとき、川崎に、

「もしよかったら、一緒に一杯やりませんか」

と声をかけてきた者があった。この日、講師をつとめた三浦だった。川崎は喜んで応じ、国防問題研究会の関係者ともども酒を飲んだ。

　その夜から川崎は三浦と親しくなり、国防講座や三島研公開講座、憂国忌や集会にも欠かさず出席し、事務所にも出入りするようになっ

た。

間もなくして重遠社に加盟し、三浦と親交を結んでいく過程で、川崎はその人物に惚れ込んでしまう。職場から三浦の事務所兼住まいがある高田馬場のコーポ高田までは近かったこともあって、川崎は三浦のために毎日のように酒や食材を買い込んで、調理師の腕を振るった。酒を酌み交わす回数も誰より多くなり、一緒に二泊三日の奈良旅行を楽しむこともあった。かくて三浦とは同志として友人として最も近しい間柄のひとりとなったのだ。

そんな川崎であればこそ、この夜、三浦の口から、結婚を前提とした同棲宣言が出たのはショックだった。

三浦にストイックな孤高の右翼思想家・維新革命家の理想像を見出し、それを求め続けてきた川崎にすれば、裏切られたような思いがしたのだ。

〈女に目もくれず、妻帯もせず、ひたすら純粋に己の思想を研磨し、日夜、国家革新運動に邁進してきた代表が、いまさら結婚やと⁉ 坊主が還俗するみたいやないか。しかも、よりによって新顔の会員の女と……〉

と内心で毒づいていた。

川崎はかつて同志たちとの打ち解けた会話のなかで、自らの少年期を振り返って、「佐賀ではワルでしたねえ」とさらっと言ってのけたものである。見かねた周囲の大人たちによって、彼は京都にある寺院に修行に出され、宗門が経営する洛内の高校を卒業した。宮中からも勅使が参拝する由緒ある寺院での苦行に耐え、料理の腕もそのときに磨いた。

そんな川崎であるが、自分なりに人物を見極める眼力は肥やしてきたと気負うところはある。任侠映画のなかにしかないと思っていた男同士の気脈を、三浦との間に直感して、一途な思い入れを抱いてきたのであった。三浦も川崎の献身に心打たれるものがあり、能力を買って重遠社の祭儀一切を彼に任せていた。

〈……やはり代表は結婚してはいけん。男の嫉妬やと誹《そし》られてもかまわんけん、とことん反対したろ。重遠社の運動がわやになるぞい〉

川崎は憤懣を抑えきれず、繰り返し口に出さずにはいられなかった。

「ワシは絶対反対です」

皆押し黙ってしまった。川崎は、凍りつかせた座の空気を自ら引き取って言った。

「それで代表、同棲となったら、事務所はどうなるんですか？」

「いや、事務所は残しますよ」

「同棲してるところが事務所となれば、もう誰もいままでのようには行けなくなりますね」

と訴えつつも、川崎の胸の内では、

〈ああ、これで代表との御縁も終わったな……〉

との思いが募り、寂しさがこみあげてくるばかりだった。

そんななか、佐々木が賛成、川崎が反対と分かれたこの夜の五者会談、御大格の宮崎正弘は終始無言で、川崎の目には冷やかに映った。

もうひとりの浅岡は、

「まあ、いいんじゃないの」

と賛成とも反対ともつかなかった。

むろんいいも悪いも、三浦の同棲に対して、誰にも結論を出せるはずがなく、結果的には同棲するという三浦の決意表明を聞いて江戸川橋会談は終了となったのだった。


三浦が住吉萌子をひとりの女として意識するようになったのは、彼女が、

「三島研の活動がしたい」

と、長年住んだ山陽道の都市を離れ、東京へ引っ越してきて間もなくしたころのことだった。萌子が東京で転職を決め、居を構えた先も、自分の住まい兼事務所であるコーポ高田から目と鼻の先の諏訪神社近くのマンションと知

って、三浦はその熱意に驚くとともに、何か運命的なものを感ぜずにはいられなかった。

彼女が住まいをそこに定めたのも、三島研の活動をするためには何かと便利で動きやすいとの理由以上に、関係者の間で広まっている、

「熱烈な三島ファンならぬ三浦ファンが上京してきた」

との噂を証明しているかのようだった。

彼女は三島由紀夫に深い関心を抱き、北一輝に傾倒し、その面影を三浦に見出しているのだ、と証言する者もあったほどで、彼女からも直にそんな思いが伝わってきただけに、三浦としても決して悪い気はしなかった。

やがてそれが恋愛感情へと変わるまで、そう時間はかからなかった。

三浦門下である後藤晋一も、三浦のそうした心の動きように、わりと早い時期に気づいたひとりだった。

その時分、夜になると、三浦の住まい兼事務所のコーポ高田には、誰彼となく集まっては酒盛りすることが少なくなく、後藤も常連組であった。

彼女が近くに住みだして間もなくしたある日のこと、いつものように三浦とふたり酒を飲んでいると、三浦がどうにもそわそわして落ち着かない。見かねた後藤が、

「代表、どうかしましたか？」

と訊ねると、

「いや、萌ちゃんが今日は風邪をひいて寝込んでいるらしいんだ。見舞いにいかなきゃいかんなと思って……」

と口ごもるように答えた。これには後藤も、

〈ハハーン、オレに早く帰ってくれと言いたいんだな。そうか、もう彼女とはマンションを行き来するような仲になっているのか〉

と嫌でも気づいて、早々に事務所を引きあげた。また、他日後藤が終電の時間を気にして腰を上げようとするころ、萌子が事務所を訪ねて

くることもあった。

ふたりの間がかなりいい雰囲気になっていたのは、堅物の後藤にもわかる道理だった。傍目《はため》からはぎこちなく見えるカップルのために後藤がお膳立てしたのは、このすぐあとだった。

九段の北の丸公園内の東京国立近代美術館で、浪曼主義的傾向の作品を残した明治期の夭折の画家、青木繁の展覧会が開催されるのを知って、後藤は、

「代表、青木繁を観に行きませんか。私は弟を連れてきますから、代表も彼女と御一緒にいかがですか」

と三浦に声をかけ、彼女ともども誘ったのだ。

三浦も応じて、後藤兄弟と彼女を含む四人は初夏の週末、お濠端の美術館に赴いて、古事記など古典に題材をとった青木繁の作品を鑑賞した。それから千鳥ヶ淵を経て靖国神社を参拝し、参道脇の茶店で寛いだ。三浦の満足気な様子が、後藤にはうれしかった。

その後、パソコン操作に秀でた彼女は、三浦の依頼でホームページ「新民族主義運動」の更新やメンテナンスを手掛けることになり、やがて「機密」扱いの名簿管理にまで及んだ。こうした事務所での作業のかたわら、三浦と彼女の親密の度は深まっていった。

江戸川橋の五者会談とほぼ時を同じくした頃、平成十五年十二月、正木和美は阿曽白志からのメールで、

「代表、結婚するそうだ」

と知らされた。びっくりして三浦に真偽の程をメールで問い合わせたところ、

「来年、同居する予定」

との返事が返ってきた。

「どんな女性なの？」

と問うと、

「おまえより二歳下で、バツイチ、名前は

……」

三浦は何ら隠しだてしなかった。和美はショックを隠し、

「じゃあ、老後、安心だね」

と心にもないことを返信してしまっていた。彼女には三浦の老後などまるで想像さえできなかったのに。

翌平成十六年一月から、三浦はコーポ高田を、萌子は諏訪神社近くのマンションを出て、同じ高田馬場の戸塚警察署前のマンションで同居生活を始めた。

重遠社や三島研、国防研の事務所を兼ねているとはいえ、ふたりの新居とあって、さすがに誰もが訪ねにくくなっていたし、三浦も親しい相手であれあまり人を寄せつけなかった。

ふたりの結婚に賛成した佐々木が、

「お祝いを持っておうかがいします」

と言っても、三浦から「来るな」とピシャッとはねつけられ、佐々木も苦笑するしかなかった。

だから、重遠社のメンバーであれ、関係者であれ、ふたりの新居に通された者となると、ほとんど数えるほどしかいなかった。

そんな数少ないひとりが、北九州市小倉の馬場日出雄であった。

馬場は昭和六十年、日大経済学部二年生の秋、日学同に加盟、そのとき馬場をオルグしたのが三浦だった。馬場は日学同で活動し、昭和六十三年に日大を卒業後、家業のガソリンスタンド経営を継ぐため、神戸と神奈川で三年間の修業を経て、平成三年に北九州に帰るのだが、憂国忌のたびに上京、そのスタッフとして運営の裏方を手伝ってきた。その折はむろんのこと、上京するたびに、馬場は三浦の事務所に寄っていた。

三浦は馬場の顔を見るたび、

「仕事、大丈夫か？　おまえの仕事、大変だからな」

と声をかけてくれた。また、平成五年、馬場が結婚することを報告したときも、三浦は、

「そりゃいい。けど、運動していることカミさんに話したのか?」

と心配してくれ、

「ええ、カミさんからは、『私には理解できないけど、正しいと思うんだったらどうぞ、家族には迷惑かけないでね』と言われたんですよ」

との馬場の返事に、

「そりゃ、よかった。理解のある、いい奥さんもらったなあ。大事にしてやらなきゃいけないぞ」

温かい笑顔になり、心から喜んでくれるのだった。

ただ、馬場が気になったのは、ネットの時代となり、三浦はその積極的な活用論者であった反面、ときとして運動に対する無力感をポツンと漏らすことがあったことだ。

「馬場よ、いまはオレらがこんなところに事務所構えてる必要ないんだよな」

「えっ、何を言ってるんですか。代表がいらっしゃるから、みんな、ここへ集まれるし、寄ろうという気になるんじゃないですか」

「いや、そう言うけどな、おまえ、学生時代、全身泥まみれになってビラ貼りやっただろ。なかには捕まったヤツもいるよな。あれだけお金かけてあれだけの動員かけビラ貼りして人を集めたのが、いまはネットで告知して『正論』なんかに広告出せば集まるんだ。極端な話、三島研の事務所なんて、九州でも新潟でもできるんだよ。オレたちがいままでやってきたことって何だったんだろうな……」

「……」

「馬場な、オレからあとの日学同の委員長、ひとりとしてまともに卒業してないんだ。それ考えるとな、あいつらはいいかもしれないけど、親御さんたちにあわせる顔ないんだよ、オレ。おまえは卒業したクチだからオンの字だけど、

それ考えるとな、オレたちの運動って何だったんだろうな。すごい無力感感じるんだよな」

それに対して、馬場はこう反論せずにはいられなかった。

「代表、それ、違うと思いますよ。過去のビラ貼りの歴史があったればこそ、いまがあるんじゃないですか。分派や除名があったり、いろんなことがあっても、その灯を消さずに代表たちが一所懸命残してくれたからこそ、いま、こうやって連綿とした運動があるんじゃないですか。これから先だって一緒です。そりゃ新潟が本部になってもいいかもしれないけど、東京にあるからこそ代表に会えるんだし、代表がいてくださることが自分たちの心の拠りどころなんですよ」

だが、後々、馬場は自分の言を苦々しく振り返り、それは自分たちの甘えじゃなかったのか、そのことで三浦代表にさらなる重荷を背負わせることになったのではないか、と考えてしまうのだった。

川崎正光が三浦から電話で絶縁を申し渡されたのは、平成十七年十一月、三十五周年憂国忌直前のことだった。

前日、四谷の川崎の職場に来たときも、三浦は不機嫌そうで様子がおかしかった。川崎も、何か変だな、と気にしていた矢先の当人からの電話だった。

三浦は興奮ぎみに、

「川崎さん、憂国忌を引退してもらいたい」

と通告してきたのだった。

はは~ん、彼女からの御注進だな、と川崎はすぐにピンときた。三浦が萌子と結婚すると聞いたときから、川崎はそれに反対し、これまでにも彼女のことで苦言を呈することも度々だった。決定的だったのは、昨年の憂国忌の際、会場となる九段会館側との事前の打ち合わせがあったとき、三浦についてきた彼女の所作が、川

崎の気に障り、

「作法がなってないぞ」

と直接彼女にメールで注意を促し、併せて川崎がよろしくないと思う点をあれこれ指摘したことであったろう。

川崎は同じメールを三浦にも送った。

そんなことをはじめ、いままでの川崎の彼女に対する厳しい振る舞いに、三浦は我慢できなくなったのだろうとは、川崎にも容易に察しがついた。果たして三浦は、

「いまだに川崎さんは、萌子に対して数々の非礼や誤解があったことを謝ってないじゃないですか」

とも言ってきた。が、川崎は端から謝る気は毛頭なかった。

三浦からの絶縁宣言に、寂しさは抑えきれなかったが、川崎はそれを押し隠して、

「はい、わかりました」

と冷静に応えた。


三浦にとって、この三十五周年の憂国忌こそ、自身の最後の幕引きとなるものであったが、それはいつからか、自分のなかではっきり決めていたことでもあった。三十五周年を機に、きっちりけじめをつける――と。

前年、親友でカメラマンの浅岡敬史に、靖国神社遊就館で特攻隊員たちの写真を背景にして遺影を撮ってもらったのもそのためであった。

だが、三浦にすれば迂闊だったのは、そうしたかねてからの決意を、つい〝私〟と〝公〟の部分を混同してしまって、うっかり身近の者に、

「憂国忌は今年が最後」

と口をすべらしてしまったことだった。

そのため、何人かの者から、

「代表、憂国忌、今年で最後って本当ですか」

と問い合わせがあったものだ。そのつど三浦は、

「憂国忌はまだまだやりますので御安心を」

と答えなければならなかった。

何のことはない、三十五周年の憂国忌が最後なのではなく、三浦がかかわる憂国忌が最後なのだった。

自分にとって最後の憂国忌……。三浦の秘めた堅い意志は誰にも曲げることはできなかった。

オレは見ちゃならない夢を見ていたんだなあ——萌子との短い同棲時代を思うと、三浦はそう感慨を抱かざるを得なかった。

やはりオレには結婚なんて所詮儚い夢だったんだ。入籍も考えたけど、彼女のためにもしないのが正解だったろう。彼女にはいい夢を見させてもらった……感謝もしてるし、こういう形で終わってしまったことを済まないと思ってる。だけど、彼女ならわかってくれるとオレは信じてる。勝手な言い草かもしれないが、これからの人生、幸せになってもらいたい。心からそう願ってる……。


平成十七年十一月二十五日午後六時、三島由紀夫氏追悼三十五年祭憂国忌が東京・九段の九段会館大ホールで開催された。

二カ月前の九月五日、五十六歳の誕生日を迎えた三浦に、おめでとうメールを贈った正木和美は、

「時ばかりが早く経って全く嫌になっちゃいますが、死のうにもどこも悪いところもなくしようがないので当分生きることにします。あなたももうすぐ四十歳!? まあお互いしようもないので、シコシコと生きて行きましょう……」

との返信を受け、この日の朝も、三浦から、

「天気も良いし、成功間違いなしです!」

という上機嫌な様子のメールが届いた新潟の和美には、その夜のテンションの落ちた三浦の姿は想像もつかなかったろう。

この夜の憂国忌に、例年のように実行委員会のスタッフとして参加した阿曽白志は、何かピ

リピリしているような感じの三浦に、

〈いつもと違うな……代表、思ったより人が集まらず、苛立《いらだ》っているんだろうか……〉

と思ったものだが、三浦を師と仰いでおよそ二十年、まさかこの夜が三浦と会う最後になろうとは、阿曽には夢にも思えなかった。

二週間後、三浦の自決を知ったとき、鮮明に思い出されたのは、

「男として恥じない生きかたをしろ」

「生き様とは、すなわち死に様だ」

という三浦の教えだった。

三浦の三十年来の同志として、機関紙『新民族主義』の編集責任者として物心ともに三浦を支えてきたひとりである井上正義も、この夜の三浦に、

〈いつもと比べて元気がないいな〉

と感じていた。

憂国忌が粛々と進行していくなか、三浦と萌子と井上の三人は控え室に待機していたのだが、

「今年は入りが悪いな」

三浦は浮かぬ顔で、千二百人収容できる大ホールが一杯にならないのを嘆いていた。

憂国忌実行委員でもある井上が、控室の重苦しい空気を嫌って、

「ちょっと中の警備の手伝いに行ってきますよ」

と言って腰をあげると、

「いや、いい。おまえはここにいてくれ」

と三浦に制せられた。

〈ちょっと代表の様子がおかしいな〉

という微妙な違和感は、一週間後の多磨霊園の墓前奉告祭でも続いていたので、さらにそれから一週間後、「代表、失踪」との一報にも、もしかしたらという考えがチラっと井上の脳裡を過《よ》ぎったのもたしかだった。

その予感は図らずも適中するのだが、つねづね三浦のことは、畳の上で死ぬような人ではな

いだろうなと思っていただけに、自決の報にも、井上はその死を、

〈やはり代表は革命家。ずっと維新革命の夢を持ち続けた浪曼主義者だった。夢と現実との乖離が出てきたこともあったろうに……夢を信じ続けた人だったな……〉

として静かに受けとめることができたのだった。

三浦がよく口にしていたのは、

「北一輝も西郷隆盛も、われらの師である矢野潤も、みんな六十を前にして五十代で死んでるなあ」

というもので、最後は、

「長生きしてもしょうがない。年金もらえないし……革命が起きて政権とれば、オレは恩給もらえるかもな」

と笑って冗談に紛らしたものだ。

同じく憂国忌実行委員をつとめた三島研の菅谷誠一郎も、この夜の三浦に奇異な感を持ったひとりだった。

憂国忌がすべて終了し、正面ホールに実行委員のスタッフ全員が集合しても、三浦はボーッと放心状態の様子であった。菅谷が、

「三浦代表」

と声をかけると、ようやく我に返ったように、

「皆さん、お疲れさまでした。お陰さまで無事終わりました。今年は直会はありませんが、皆さんの協力に感謝します」

と挨拶した。会館内のレストランで毎年行なっている直会という名のスタッフ慰労会を、今年はやらないというのも腑に落ちなかった。

菅谷はまだ二十代で、三浦とは付き合いも浅かった。三浦に対して持っていたイメージは、温厚で物静かな人というものだが、時として熱くなる姿も見ていた。

三島研公開講座のあとの飲み会で隣り合わせたとき、大学院生だった菅谷に、三浦は、

「いま何を勉強してるんだ？」

と訊いてきた。

「昭和史の勉強で、二・二六事件前後のことです」

と菅谷が答えると、三浦は、

「いいか、あれは日本を真の姿に戻すための運動だったんだぞ。あの人たちは日本の民衆を救うために立ちあがったんだ。あの青年将校たちの運動が成功していれば、日本は大東亜戦争までは行かなかっただろう」

と別人のような熱っぽさで語りだすのだった。静かさと激しさとを併せ持つ三浦。菅谷はそれを目の当たりにする思いがした。

三浦の自決後、三島研事務局長という要職を受け継ぐのが、この菅谷であった。

この夜、憂国忌の式典が終了し、参加者が一斉に引きあげるなかに、高柳光明、朝比奈眞一、野里祐克、松島一夫、山平重樹ら全日本学生国防会議ＯＢの一団もあり、彼らは出口付近でバッタリ三浦と出くわした。

「三浦さん、お疲れさま、さあ、飲みに行きましょう」

野里が誘うと、

「いや、まだ後片づけがあるから」

「じゃあ、あとで来てくださいよ」

「うん、いけたら……」

「じゃあ、オレたちはお先に」

高柳が三浦に声をかけると、

「あっ、今日はどうも」

三浦は高柳に対し、ずっと頭を下げ続けている。

〈あれっ、三浦のヤツ、今日はやけに丁寧だな……〉

高柳は三浦のこのときの所作が、強く印象に残った。まさかそれが自分たちへの最後の挨拶とは知るよしもなかったからだ。

三浦の自決の報を聞いたとき、重遠社草創期

メンバーの新井照巳の胸に真っ先に浮かんだのは、

〈ああ、やっぱりあのとき三浦さんはやれなかったのではなく、やらなかったのだな。やるとなったら、ひとりでもやるひとこそ三浦さんだった〉

という感慨だった。

あの日、あのとき――中曽根康弘が日本の首相であった時代、新井は三浦に対し、

「三浦さん、普段から集会やら機関紙で、あれほど中曽根を現代のナガスネヒコと断じ、亡国派の元凶、国賊と糾弾するなら、もう殺《や》るしかないんじゃないですか。殺りましょうよ」

とテロをもちかけたのだ。酒が少々入っていた勢いもあったかもしれない。だが、本気も本気、ここで行動を起こさなければ、ただの口舌の徒、自分は安全圏に身を置いて煽るだけ煽る、そこらへんの進歩的文化人と同じではないか、と新井は思っていた。

言行を一致させてこそ本物の思想、知って行なわざるはいまだ知らざるなり――三島由紀夫が信奉した陽明学の「知行合一」というものではないか。

新井の提案に、三浦は「おおっ！」という顔になり、まじまじと目の前の新井の顔を見た。

「テロをやりましょう」などというセリフを聞いたのは何年ぶりだろうか。

七〇年安保を前にして民族派運動にのめり込んだ三浦の学生時代、酒場で右翼学生がふたり以上集まれば話題はテロの話になったものだ。それも昔のことで、右も左も若者の政治離れが顕著となったいまや、民族派の若者からさえ、そんな話はすっかり聞かれなくなってしまった。

〈それをこの新井は、オレよりわずか四つ下、三十を越えてる歳で、中曽根を殺《や》ろうという。しかも、こいつは口先だけではない。なにしろ、衆議院の衛視というとびっきり安定した公

務員の座を棄てて、重遠社《うち》へ飛び込んできた男だからな。そして現実に、日学同の学生連中と一緒に、自民党護憲派糾弾闘争で議員事務所を襲撃する直接行動に打って出て、体を賭けるのも辞さなかった男だ……〉

三浦は久しぶりに血が騒ぐのを覚えた。いっそこの男とともに勝負に出るか……。

だが、いまの三浦の立場で、それは決してできる相談ではなかった。三浦は胸の内に燃えあがろうとしていた炎をあわてて消しにかかった。それをなんとか鎮静化させたうえで、

「いや、新井さん、あんたの言うことはその通りだよ。オレはいまもテロは否定しない。まして中曽根は奸物。権力亡者の奸物なのだ。だけど、新井さん、わかってくれ、オレは重遠社という組織の代表なんだ。いまや重遠社も一定した人数がいて、発足以来、最も充実した、いい形になってる。いま、テロというわけにはいかないんだ。この組織を強化拡大していくのがオレの役目。いまは堪《こら》えてくれないか」

と、三浦はテロをやろうと言う新井を抑えた。

新井は三浦の説得を受け入れたが、どこかでシラケた気持ちが出てきたのも事実だった。

昭和五十八年から六十一年にかけて三年間、明けても暮れても三浦と一緒だったような気がするほど濃密な時間を過ごした新井であったが、それから間もなくして重遠社を離れた。

その後、三浦とはずっと顔を合わすこともなく、平成六年に執り行なわれた矢野潤の葬儀の際も電話で短い挨拶を交わしただけで、再会する機会は訪れなかった。

そこへ自決の知らせである。新井は、

〈あのとき我慢したのはオレではなく、あの人だったのだ。本当に命を懸けられる人も、オレではなく、三浦さんのほうだった……〉

としみじみ思うのだった。

平成十七年十二月二十八日午後一時、大阪拘置所を出所し、一カ月ぶりに社会復帰した佐々木俊夫は、同拘置所一階の駐車場で、迎えにきた後輩の車に乗ろうとして、彼から

「佐々木先輩、重遠社の三浦さんが自決されました」

と知らされたとき、

「えっ!?……」

この男はいったい何を言っているのか、と最初はその意味するところがわからなかった。

「三浦さんが割腹自決をされました」

それは初めて知る事実だった。佐々木は頭が真っ白になり、呆然自失の状態になった。

佐々木が秘書をつとめる民主党代議士（当時）西村眞悟の弁護士法違反事件で家宅捜索を受けたのが十一月二十日のこと。その八日後に同容疑で逮捕され、佐々木は大阪地検で連日取調べを受けた。

だから、この年は初めて憂国忌にも参加できなかったし、ずっと大阪拘置所に勾留の身であったから、そのあいだに起きた三浦の自決もまるで知らなかった。

「混乱するだろうから、佐々木には何も知らせるな」

との宮崎正弘の配慮で、獄中の佐々木に対しては関係者の緘口令が敷かれていたのだ。

三浦の自決も知らず、その「お別れの夕べ」にも出られず、佐々木は年も押し迫ったころ、ようやく不起訴となり、大阪拘置所を釈放となったのだ。

「いったいなぜ?」

佐々木にはどうあっても三浦の自決の理由が思い浮かばなかった。

ただ、三浦と最後に会ったあの日——二カ月前の十一月一日のことは、佐々木は強く印象に残っていた。九段会館の一階ラウンジで三浦、宮崎とともに三人で憂国忌の打ち合わせを行なったのだが、三浦の様子はいつもとは明らかに

違っていた。憂国忌の進行や演出について、三浦はその年に限って妙にこだわりを持った。

「三浦さん、そこのところは例年どおりでいいんじゃないですか」

と佐々木が提案しても、

「いや、オレの長年の勘から言えば、これでいいんだ」

と主張して譲らなかった。いままでなら万事、

「オレはいいよ。あんたに任せるよ」

で済ませてきた男が、なぜかこの年自分のやりかたに固執するのだ。

打ち合わせ終了後、三浦と別れ、佐々木とふたりになったとき、宮崎が、

「おい、佐々木、今日の三浦、おかしくなかったか」

と訊いてきた。やはり宮崎も、三浦に対して奇異な感を持ったようだった。

「あれ？　宮崎さんもやっぱりそう思われましたか。何かいつもの三浦さんらしからぬこだわりがありましたね」

と、宮崎とふたりでそんな会話をしたことを、佐々木は鮮やかな記憶として思い返していた。

三浦はなぜ突然自決したのか。自決の気配云々ということで言えば、佐々木に思いあたる節といえば、それだけであった。

〈あの時点で、すでに自決の決意をなさっていたということなのだろうか……〉

三浦にしかわからぬ謎であった。

思えば佐々木は、途中の数年間、路線対立で離れていた時期があったとはいえ、志を同じくする者として三浦とは三十年近い歳月をともに歩んできた。佐々木にとって三浦こそは運動上の師であり、三浦から受けた思想的な影響力はことのほか大きかった。

佐々木は長い間、政治活動に携わり、多くの民族派の先輩や仲間、関係者を知るなかで、お

よそ三浦ほど壮大な理想を持った右翼思想家・運動家をほかに知らなかった。それはたしかに、目の前の政治的な案件について議論する者はまわりに大勢存在した。しかし、三浦のように、時代認識というものを明確に持って、今日われわれが生きているこの日本という国が、世界史的な目線から見てどう位置づけできるのか、それに対してわれわれは国家革新に向かってどう克服していかなければならないのか——という理念をきっちり持っている人物となると、ほかにはなかなかいなかったような気がする。

それも北方領土奪還とか憲法改正といった単発的なものではなくて、国のあるべき姿——単なる戦後史観云々ではなくて、世界史的な目線で、自分のいま生きている日本のあるべき姿を描きだしたところが、三浦の凄さだった。

だから、三浦の口からは、成吉思汗《ジンギスカン》からヨーロッパ・ルネサンスの話、アメリカ独立戦争や米西戦争、果ては神武建国、古事記の世界の話も飛びだした。まさに博覧強記、あれほどありとあらゆることについて知悉している人間には、佐々木はいまだかつてお目にかかったことがなかった。

その気宇壮大な理想を持つ三浦にこそ、佐々木は惚れ込んだのだった。

そういえば、同期で盟友の後藤晋一からもよくこう聞いたものだ。

「三浦さんはオルグする相手にも、そのひとをちゃんと世界史のなかで位置づけてあげて、『これこれこういう時代に生まれたんだから、おまえにはこういうチャンスがあるじゃないか』と、国のために志を持つことで、こんなすばらしい人生を思い描くことができるんだということを語ってくれるひとだった。どんな未熟な人間をも志の高い高邁な人間に昇華させてくれるというか、そういう導きかたをしてくれる師だった……」

要は、愛に満ちあふれた心やさしい人だった——と、佐々木には思い出されるのだ。自分のことよりまわりのこと、自分のことよりお国のことを考えたひと。

三浦から言われたことで、佐々木がとりわけ印象に残っていた言葉がふたつあった。

ひとつは、

「いいか、おまえらが重遠社の一期生なんだ。重遠社ができたときに学生でいたおまえたちこそが一期生なんだ」

もうひとつが、

「オレは方針を差し示す。その差し示した方向にむかって進むのがおまえたちなんだ」

というものだった。

果たして自分たちは三浦の期待に応えることができたのだろうか。なんとも不肖の門下だったのではあるまいか。

いや、それ以上に、その死がいつまでも受け入れられず、胸中でずっとその意味を問い続けていくことになるだろう——とは、佐々木ならずとも三浦門下の共通の思いに違いなかった。

平成十七年十二月八日昼下がり、男はひとり、上越新幹線で一路、新潟へと向かっていた。己の出発点であり、終結の地ともなる故郷の街へ——。

「決死勤皇　生涯志士」

と念じ続けた人生に決着をつけるための、男の最後の帰郷でもあった。

解説

玉川博己

本書が描く三浦重周（本名重雄）は昭和二十四年九月に新潟県巻町（現新潟市）で生まれ、平成十七年十二月郷里に近い新潟港岸壁で自刃によって命を絶ち、五十六歳の生涯を終えた民族派の社会運動家である。三浦重周の名前は世間一般では殆ど知られず、マスコミもわずかに「週刊新潮」が三浦重周の死の直後にそのコラムで彼の自刃を簡単に紹介しただけであった。

筆者の山平重樹氏が題名に選んだ「決死勤皇　生涯志士」とは生前の三浦重周の座右の銘であり、また世の名利や栄達を求めず、文字通り清貧にして高潔なひとりの草莽の士として生きた三浦重周にふさわしい題名ではないだろうか。三浦重周のひっそりとした死は、昭和三十五年安保騒動の年の秋に社会党の浅沼稲次郎委員長を刺殺し、その後獄中で自決して世間を驚かせた十七歳の山口二矢少年の死とも、また昭和四十五年十一月市ヶ谷台の陸上自衛隊東部方面総監部で憲法改正を訴えて壮烈な自刃を遂げた三島由紀夫、森田必勝の両氏の死とも全く異なり、極めて静かな死であった。私が当時彼の死の知らせを聞いて真っ先に脳裏に浮かんだのは江戸時代寛政期の勤皇家である高山彦九郎であり、昭和五十年三島由紀夫の後を追うように自裁した作家の村上一郎であり、そして昭和五十四年元号法案の成立を熱禱して自決した大東塾の影山正治塾長であった。派手なことを嫌い、自ら有名人になることを望まなかった三浦重周はおそらくこうした先人たちの生き方を誰よりも深く考えていたのではないだろうか。

筆者の山平重樹氏は学生時代以来三浦重周と親しくその人となりをよく知る作家である。山平重樹氏はすでに『果てなき夢　ドキュメント新右翼』（平成元年、二十一世紀書院）と『戦後アウトローの死に様』（平成二十五年、双葉新書）の二冊の著書において三浦重周のことについても触れているが、今回あらためて少年時代から最期にいたるまで三浦重周と交流のあった多くの知人、友人に直接インタビューを行ない、極めて多角的に三浦重周というひとりの人間の人物像とその生涯を描いたものである。

私は三浦重周より二歳年長であり、三浦重周が昭和四十五年春早稲田大学に入学してすぐに民族派学生運動の日本学生同盟（日学同）に飛び込んできてから平成十七年にその生涯を終えるまでの三十五年間にわたって友人として付き合ったひとりである。本書を読んで私が感じたのは、山平重樹氏の三浦重周に対する熱い思いであり、また本書に登場する多くの人々の証言を通じて本書は単に三浦重周という個人の伝記にとどまらず、七〇年安保闘争の頂点の年でありかつ三島事件が起きた昭和四十五年から昭和末期を経て平成にいたる三十数年間の時代の、民族派運動における青年群像の青春を描いた、あたかもひとつの大河小説を読むが如き感動を得たということである。同時に本書は七〇年安保以降の民族派運動の歴史を概括、俯瞰するという資料的価値も高い。ここでいう民族派運動とは、それまでの親米反共を掲げたいわゆる保守・右翼運動とは一線を画して、戦後世代の感性と行動力によって、戦後の日本を覆ってきた「平和と民主主義」の虚妄の思想と訣別し、日本の伝統と歴史を回復して、真の自立した日本を求める運動を指す。マスコミでは新右翼という呼び方もあるようだが、冷戦の終結によってマルクス・レーニン主義に依拠する共産主義体制とその思想が崩壊し去った現在では、もはや左翼、右翼というジャーナリズム用語は、レッテルとしてはともかく、余り意味がないのではないだろうか。

山平重樹氏はとくに実録物やアウトローと呼ばれる人々を描くことを得意とする作家であるが、その作品はいかなるテーマを扱う場合でも、しっかりとした人間観察に裏打ちされており、その分析力と表現力には定評がある。山平氏には先に『連合赤軍物語　紅炎（プロミネンス）』（平成二十三年、徳間文庫）というすぐれた作品を上梓されている。これは世界革命戦争を唱えながらも、同志に対して「総括」という名でリンチ殺人を重ね、最後は浅間山荘事件（昭和四十七年）を引き起こして壊滅する連合赤軍を描いた作品である。反スターリン主義と世界革命を標榜していた新左翼運動が、結局「党」を絶対視して人間性を否定して自ら小スターリン主義の蟻地獄に堕ちてゆく凄惨な悲劇をしっかりと捉えている。この作品は戦後の左翼運動、とくにブント以降の新左翼運動への挽歌ともなっている。このように山平氏は実録物だけでなく、政治・思想運動に対してもしっかりとした観察眼とそしてそれを表現できる感性を持った作家である。

さて、ここで本書の主人公である三浦重周の生涯について簡単に述べておきたい。三浦重周は昭和二十四年九月新潟県巻町（現新潟市）に地方公務員の次男として生まれた。浪人を経て昭和四十五年四月早稲田大学政治経済学部に入学し、直ちに民族派学生運動の日本学生同盟に加入した。当時は全国で学園紛争の嵐が吹き荒れており、早稲田大学においても日本共産党＝民青、革マル派、社青同解放派などの左翼諸党派が猖獗を極めていた。三浦重周が早稲田に入学して半年後の昭和四十五年十一月二十五日に三島事件が起きた。三島由紀夫とともに行動をともにして自決した森田必勝は三浦重周の早大国防部における先輩であった。三浦重周は三島事件直後の十二月に行なわれた「追悼の夕べ」に実行委員として参加し（「追悼の夕べ」は翌年から「憂国忌」として現在まで開催され続けている）、以後三浦重周は生涯を通じて「憂国忌」運動にかかわる。昭和四十八年四月、日本学生同盟第六代委員長に就任したが、時代はすでに「政治の季節」が遠のき、学生運動を維持することが困難な時代となりつつあった。学生運動の限界を感じた三浦重周は昭和五十二年四月に青年・社会人運動としての重遠社を創建し自らその代表に就任した。以降は積極的に執筆活動を行ない、多くの論文を機関紙『新民族主義』などに発表し続けた。また壮年期以降は外部の団体での講演も行なうようになった。三浦重周の論文や発言の中心には日本国史を貫く原理としての国体に対する徹底した信念があり、敗戦国としての戦後日本を覚醒させ独立した国家として復興させることへの強い思いがあった。とりわけ戦後日本を覆ってきた「平和と民主主義」の虚構と擬制、「象徴天皇制」と「親米路線」の上に安住する保守勢力に対する徹底した批判があった。三浦重周から見れば「自由と民主主義」を掲げる保守勢力も、また「平和と民主主義」を看板とする左翼勢力も、戦後日本を規定してきた日本国憲法と日米安保体制にすがるポツダム勢力という意味で同じ穴のムジナに過ぎなかった。これは昭和四十五年十一月の市ヶ谷台上における三島由紀夫の叫びと全く同じであった。実際に三浦重周は「憂国忌」の創設期からその生涯を通じて「憂国忌」運動には情熱をかけて取り組んだのであった。この「憂国忌」については別に『「憂国忌」の四十年』（三島由紀夫研究会編・並木書房）が詳しく述べているので参照されたい。

学生時代から青年時代における三浦重周はリーダーというよりも舌鋒鋭く論敵を批判してやまない闘争型の人間であった。しかし壮年期以降は次第に指導者としての器量とリーダーシップをそなえるようになり、論文のテーマも単に政治問題にとどまらず幅広さを増していった。五十歳を過ぎてからは、インターネットに積極的に取り組み、重遠社のホームページ上の「行雲流水」というコラムには政治から文化・歴史や日常の事柄まで、重厚な論文から軽妙なエッセーまで幅広く執筆した。そして平成十七年十一月追悼三十五年祭「憂国忌」を統括責任者として行なったのが彼の最後の活動となった。十二月十日三浦重周は郷里に近い新潟港岸壁で静かに割腹自決を遂げたのであった。享年五十六。彼は「人として大和に生まれ男なら究め尽さむ皇国の道」という辞世を残している。

三浦重周にはその多くの論文を収めた『白骨を秋霜に曝すを恐れず』と『国家の干城、民族の堡塁』（いずれもK&Kプレス刊）の二冊の遺稿集がある。彼の憲法や国防問題に関する政治論はそれまでの日本学生同盟などが訴えてきた戦後体制打破論（反ヤルタ・ポツダム体制）を発展させたものであるが、重遠社創建以降は更に広範な読書と歴史哲学に支えられたより深みのある論文を発表するようになった。とりわけ三浦重周は戦前の北一輝、大川周明などの革命思想家の国体論を徹底的に学ぶとともに、戦後は超国家主義イデオロギーの象徴とされた『國體の本義』（昭和十二年）を再評価し、また「近代の超克」を掲げた京都学派の「世界史の哲学」にも今日的解釈を与えるなど幅広く国体論や歴史論を研究した。彼の読書欲は旺盛であり、戦前の思想家・今泉定助の「世界皇化」論や戦後の里見岸雄、葦津珍彦などの天皇論もよく勉強していた。また三浦重周は皇室の存続と国体維持を同等視する戦後の安易な国体護持論を批判し、国体の復興こそ戦後体制を克服するものであると論じた。そう意味で三浦重周の天皇観はそこに日本の歴史と道義の根源を見出そうとする徹底したものであり、決して妥協するものではなかった。

三浦重周は幼少期から頭脳明晰学業優秀であり、望めば政治家にも学者にもまたはジャーナリストにもなりえた才能の持ち主であった。しかし生来不器用な彼は自ら信ずる道を途中で放擲することをせず、世間的な利己と名誉を求めることなく、あくまで生涯にわたって信念を貫く生き方を選んだといえる。本書のタイトルでもある「決死勤皇　生涯志士」はまさに三浦重周の生き方を表す言葉である。
晩年の三浦重周は決して他人の悪口をいわず、逆に党派をこえて多くの人士から愛され、慕われる存在であった。吉田松陰や西郷南洲がそうであったように、何よりも至誠を重んじ、他人に対する思いやりを大切にした三浦重周は、彼と接すれば接するほどその人柄が他人を引き付ける不思議な魅力を持っていた。それは三浦重周の同志、仲間たちだけでなく、それまで三浦重周と敵対していた人々をも最後には三浦のシンパにしてしまう力であった。本書で書かれた多くの知人、友人たちの証言からもそれがうかがえることができよう。だから三浦重周の死後もその命日である「早雪忌」には今なお多くの友人や後輩が集まってその人徳を偲んでいる。生涯至誠純忠、敬天愛人の精神を貫き、清貧に甘んじた三浦重周は財産を何も残さなかったが、しかし一方で彼が残したものは、彼を慕う多くの友人と弟子たちであった。その彼らが今は三浦重周の遺志を受け継いで「憂国忌」運動をたゆむことなく続けているのである。三浦重周は決して何か大きなことを成し遂げた有名人でもないし、またいわゆる右翼テロリストでもなく、あくまでも草莽の志士として生き、そして静かに死んでいった男であった。多くの読者が本書を通じて、戦後日本のある時期に野にあってこのように高い志をもって生きた三浦重周という男がいたこと、そしてその人となりを知って頂ければ、ひとりの友人として望外の喜びである。最後に三浦重周伝をこのような力作に書き上げて頂いた筆者の山平重樹氏に対して敬意と感謝の念を捧げたい。

（三島由紀夫研究会代表幹事）

山平重樹（やまだいら・しげき）
昭和28年山形県生まれ。法政大学文学部卒業。アウトローの生き様を描き続け、ノンフィクション、ルポルタージュ、小説など幅広いジャンルで活躍中。実在するヤクザの交渉術を記した「ヤクザに学ぶ」シリーズがベストセラーを記録。『殘俠』『愚連隊列伝 モロッコの辰』など映画化、Ｖシネ化された著作をはじめ、『ヤクザの散り際　歴史に名を刻む40人』『連合赤軍物語　紅炎（プロミネンス）』『実録小説　神戸芸能社〜山口組・田岡一雄三代目と戦後芸能界』など著書多数。近著に『高倉健と任俠映画』（徳間文庫カレッジ）がある。

決《けっ》死《し》勤《きん》皇《のう》 生《しょう》涯《がい》志《し》士《し》
—三浦重周伝—

2015年２月26日　印刷
2015年３月10日　発行

著　者　山平重樹
発行者　奈須田若仁
発行所　並木書房
〒104-0061東京都中央区銀座1-4-6
電話(03)3561-7062　fax(03)3561-7097
http://www.namiki-shobo.co.jp
編集協力　後藤晋一
印刷製本　モリモト印刷

ISBN978-4-89063-325-8